守護仁者心
助人者的心靈防護手冊

賴奕菁——著

推薦序

奉獻大愛　勇於付出

慈濟醫療志業執行長　林俊龍

近年來世界各地災難頻傳，菲律賓海燕風災毀城滅村、馬航墜海失蹤、以巴冤冤相報互射飛彈殺戮孩童，而後又一架馬航飛機在烏俄邊境被飛彈擊落、澎湖復興航空墜毀傷亡慘重，阿爾及利亞空難無一生還……這些天災人禍刀兵劫導致死傷遍野的新聞，日日夜夜牽動著全球人心。

人間無常，但慈濟有愛，感恩全球慈濟人把握因緣在菲律賓、馬來西亞、北京、荷蘭、臺灣膚慰傷者與家屬，甚至發願投入急難發放、義診、簡易屋興建等任務，為愛付出。

而花蓮慈濟醫院精神醫學部為了感恩全球慈濟志工無所求的付出，歷任主任堅定心願，要撰寫一本用來「守護助人者心靈健康」的心理衛教書籍。這也是慈濟醫療志業對志工們用專業表達感恩的方式之一。

而這樣的書籍，對於身處第一線的各界救難人員與慈濟基金會的職工菩薩來說，也非常需要，正如《孫子兵法》中提到「立於不敗之地」、「知己知彼百戰不殆」。怎麼說呢？所謂的要先立於不敗之地，就是指要幫助他人的人，自己要先有一些心理準備，才能去幫忙別人。慈濟的師兄師姊都很熱心，也都是證嚴上人的好弟子，大家聽從上人教導，做中學、學中覺。但當我們面對無常衝擊時，就會遭遇困難，一方面是擔心當地受災狀況與救災的困難度；一方面則是個人情感上的衝擊。

九二一大地震時，許多軍人因為協助搬運屍體，好幾個月吃不下飯睡不著覺，因為他們太震撼了，這一輩子從來沒有看過這麼多的大體。慈濟師兄師姊也都是在一般平和的環境下生活成長，一旦無常來臨，雖然表面上很鎮定，但對內心的衝擊可能很大，若沒有調整好自心，很容易受到傷害。所以建議菩薩仁者應如《孫子兵法》所言，「先立於不敗之地」。

發生災難時，雖然大多會先委託有關懷經驗的師兄師姊趕到現場膚慰，但除資深慈濟人經驗豐富之外，新發意志工也有可能會接力支援。慈濟志工多有家庭與工作，需要輪班替換。但若災難範圍大或收容時間增長，就可能需要更多志工投入；而每一位志工也都有可能因自身專長可發揮，而自願到現場支援，如水電、建築、總務、香積（供餐）、人文真善美紀錄等勤務。

志工除了急難膚慰可能造成心理負擔之外，平日例行的慈善訪視，有時也會遇到有身心狀況的個案需要探訪。對於慈濟志工來說，除了佛法與慈悲，還要加上對心理疾病與症狀的衛生知識，才能「知己知彼百戰不殆」，安定自心，更知道該如何安撫被關懷者的情緒。

其他專業救災與心理健康關懷單位，皆由受過專業訓練的心理師與社工師協助。所以對菩薩雲集的慈濟基金會同仁，這也是必讀的一本心靈防護專書，不但能提早預防與檢視自我身心健康狀況，照顧自己之餘，更能呵護志工與受照護者。

這本歷經四年採訪撰稿編輯而成的心血結晶，要感恩前主任賴奕菁醫師在團隊協助下，親自訪問參與海內外急難救助的慈濟志工與職工們，並與慈善志業發展處社工團隊合作研究訪視個案；感恩人文傳播室曾慶方師姊協助跨志業體聯繫與編纂成冊，讓慈濟醫療志業能以《守護仁者心》此書感恩全球慈濟志工與職工菩薩仁者們為天下蒼生拔苦予樂的慈悲大愛。也期待一般讀者能透過此書，理解救難與社服單位的辛苦付出，而在感動之餘，讓我們一起做好心靈防護，加入行善助人的行列，因為多一個人的付出，可以讓世界更美好。

推薦序

先護己心　樂濟眾生

花蓮慈濟醫學中心院長　高瑞和

現今世界，天災人禍頻傳，或地震、或水災、或土石流、或戰爭等等，真是三界如火宅，人命在旦夕之間。近日澎湖空難及高雄氣爆事件，都是讓人心碎，整個社會呈現一股焦燥不安之氛圍。

所幸慈濟人在證嚴上人引領之下，發揮人溺己溺、人傷我痛的大慈悲精神，在各個災難現場湧現，或供應物資、或提供熱食、或治療傷病、或膚慰心靈，充份發揮了民胞物與的大愛情懷，也成為一股安定社會人心的力量。

記得在二〇一三年十一月，強烈颱風海燕橫掃菲律賓，死傷無數，重災區獨魯萬幾成廢墟。慈濟志工以及醫療團隊，前後數梯次深入災區救援及提供醫療援助，我也有幸參與。災難現場真是驚心動魄，非親眼所見，實難相信，人生竟有如此悲慘之狀。然菲律賓人天性樂觀，篤信天主教，雖遭逢重災，仍不絕望，堅強地返回傷心地重建家園。

更令人感動的是慈濟人的身影，他們不辭勞苦，前仆後繼，從全球各地趕來投入救災重建工作，同時也將慈濟無緣大慈同體大悲的精神，帶入災區內，讓成千上萬的民眾重燃希望，不畏艱難地站起來。不但如此，志工也帶動災民們從一個手心向上接受濟助的人，變成了手心向下樂於付出的人，這一幕幕的畫面是多麼動人。當我們穿著藍天白雲的志工服在街上出現，菲律賓人無不面露歡喜感恩，豎起大拇指，向我們致意，讓我們真以身為慈濟人為榮。慈濟人就是這樣在伊朗巴姆、印尼亞齊、四川汶川、日本東北關東，以及我們的九二一大地震，呈現這樣的菩薩身影。

但是救人也是要有「法」的，如何能夠真正發揮救災的效率，如何面對心靈受創的災民，如何維護自身的安全，甚至在這過程中，如何做好心理建設，避免自己心裡也留下陰影，這些其實都要導入專業的精神及心理學。受災中有所謂「創傷後壓力症候群」，而助人者也會有「替代性創傷症候群」，他會感受到災民同樣的心理創傷過程。因此，我們雖然發揮愛心去助人，但是如何保持自己身心靈健康也是非常重要的，這就是所謂的「度人要先度己」。

感恩賴奕菁醫師以其身心醫學科專科醫師背景，向我們提供了一套助人者的心靈防護守則，真的是及時雨。賴醫師曾擔任花蓮慈濟醫學中心身心醫學科主任，不但學識淵博，更是病患眼中「仁心仁術」的大醫王，她在慈院服務期間，承繼前二任科主任的心願，以其敏銳的觀察力，加上深受慈濟人文的薰陶，親自訪問並撰寫了這本淺顯易懂的手冊，讓參與各項救災工作的師兄師姊們，當作他們在艱難困苦的環境中守護心靈的依據。

而這種心靈的守護，事實上在救災之前就應該要開始了，你現在適不適合去參加救災活動？出發之前你要有什麼心理準備？在救災過程中，目睹悲慘的景象，你如何自處與保持鎮定？救災後如何恢復平常心，避免「替代性創傷」？都有很詳細的解說，同時也有一些簡易自評的方法，幫助對自己的了解。而在述說過程中，賴醫師也不時帶入慈濟的「法」與志工的真實經驗，讓這本書不但實用，同時也是心靈的饗宴。

最後再次感恩賴醫師，能在百忙之中發願幫志工與職工們寫了這樣一本有價值的書。我相信《守護仁者心》這本書在未來一定會受到各方的重視與讚許。現代氣候與人心的不調和，造成了各種天災人禍，我們慈濟人一定要發揮付出無所求、化解惡緣為善緣的救世精神，去幫助苦難人，但在助人之前，記得要先「自助」做好心靈的防護，才能「護己心矣，樂濟眾生」。

推薦序

專業妙法護身心

慈濟基金會慈善志業發展處主任　呂芳川

臺灣在二〇一一年約有兩百多萬人因精神疾病而就醫，世界衛生組織在二〇一二年更提醒全世界每四人中就有一位罹患精神方面的疾病。在多元社會中，人人都可能面對這樣社會、經濟、天然或意外災害等問題的衝擊，身心也許不斷遭遇一個又一個緊張與壓力的情緒而不自知。

慈濟身為臺灣慈善團體的一分子，聞聲救苦、扶貧脫困是慈濟人的天職，是行走菩薩道的本分事。然，對於各種社會現象，我們非但要深入瞭解需要幫助的對象，更要清楚知道身為志工或第一線職工該如何保護自己的身心靈。唯有身心健康的助人者，才能幫助更多需要協助的苦難人。

記得一九九八年桃園發生華航空難，慈濟志工及慈濟人醫會的牙科醫師志工們到了救災現場。那種遍地屍塊的慘痛情景，無論心理有多麼成熟或有許多助人的經驗，協助做牙齒特徵鑑定的醫師們還是提到有好幾夜都未能好好入眠。

一九九九年的九二一大地震，慈濟志工協助將大體放入冷凍貨櫃中，每三個小時，還要為大體翻身一次。有些年輕的阿兵哥也加入搬運大體的工作，看到他們臉色鐵青面無表情，很能感受到這群從未接觸過屍體的年輕人，內心一定處在焦慮緊張的情緒中。而這些心理尚未建設好的救災者，或人格特質較脆弱者，在此危急時刻都需要心理衛生的正確引導。

賴奕菁醫師在本書中，對於志工在急難乃至在訪視服務時理應有的認知，收集了非常完整的資料與案例。難能可貴的是，這本書結合了各地慈濟志工與專業社工親身接觸的實際案例，而賴醫師從專業的角度，深入淺出地一一引導志工與一般讀者，從了解自身處境，並提出應有的解決管道與方法。在其中，賴醫師更以探討的角度，看到慈濟志工在慈善及急難工作上，歡喜投入、無畏無懼的智慧。除了遵守團體的工作原則與發揮人文精神外，也能察覺志工日常聞法修習而深植內心的那一分大慈大悲大喜大捨的真實妙法。所以這群助人者雖穿梭在驚怖駭人的慘景，卻從無畏懼；雖面對心神散亂者，也能以智慧法語開導，用情與誠關懷人群。

但，在天災人禍頻仍的現代世界裡，醫療專業知識不能荒廢。謹誠摯推薦《守護仁者心——助人者的心靈防護手冊》這本好書，非但慈濟志工與職工人人應讀，也是所有深具愛心的助人仁者，皆應詳讀熟閱的一本護心妙冊。

第一章 無常

第五章 求助專業醫療

第六章 心靈依歸

第七章 訪視停看聽

第一章

無常

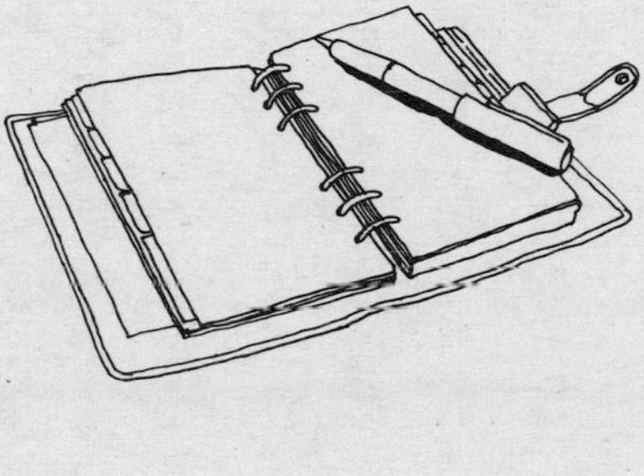

前言

災難向來與無常畫上等號，正因為災難的不可預料，加上瞬間可能造成大量的人命傷亡與建物毀損，對於精神健康的衝擊也相對巨大。

慈濟志工遍布全球，平日在各個社區訪視照顧貧病，但也有機會至大型災難現場協助慈濟人醫會之義診進行，或是參與熱食、物資、現值卡發放等急難救助工作。長期與苦難面對面的經歷，讓許多慈濟志工見苦知福，珍惜所有；同時也磨練出異於常人的耐受力，但有沒有可能在經歷大型災難搶救後，因強烈的精神衝擊，而引發憂鬱症或創傷後症候群等身心症狀？

面臨災難

一九九九年九月二十一日凌晨一點四十七分，大愛電視臺攝影記者阿健（化名）正在熬夜處理白天拍攝的影帶。突然間，天搖地動，難道是過度勞累頭昏了嗎？

阿健抬起頭來四處張望，驚見房間內的櫥櫃前後搖晃，物品掉落滿地，發出劇烈的碰撞聲響。牆壁搖晃到彷彿要向自己撲來，下一秒鐘就會倒下……瞬間一片黑暗，停電了。還好因為工作上的需要，阿健身上隨身攜帶著小型手電筒，這時立刻派上用場。地震稍緩之際，他抓起筆記型電腦，揹起形影不離的攝影機，摸索著走進樓梯間。這時，餘震又再度發生，他差點整個人撲倒滾落，還好及時抓住了扶手，憑著微弱燈光的指引，衝出公寓的大門。迎接他的是陷入全然黑暗、靜默的城市，在恐懼中等待著下一波的劇烈搖晃、隨之而來的物品砸落、人們的驚呼……在前所未有的驚恐之中，阿健鑽進自己的小車，開始在路上漫無目的地行駛。

在臺北工作多年，阿健從來沒有遇過這樣黑的夜，除了偶而交會的車燈，沒有一絲光亮可以依循。漫無目的地開到後來，他已不知道自己身何處，最後因著疲憊而停車小盹一下。不知過了多久，朦朧間隱約聽到人聲，阿健醒了過來。他打開車門站了出來，四周依然一片漆黑，伸手不見五指。

模糊中，他彷彿看見一隻接一隻約在肩膀高度的白色蝴蝶，向他這邊移動過來……難道是眼花了嗎？等到定睛一看，下方是白色的長褲，所以剛剛看見的是白色衣領，上衣是深藍色的所以被夜色淹沒，啊！這是「藍天白雲」的慈濟人哪！師兄師姊們拿著手電筒，照見了阿健，跟他揮了揮手。經過大半夜的驚恐，能見到慈濟人真是溫暖又感動！然而，怎麼會在這邊遇到慈濟人呢？見他們低頭交談，臉上滿是擔心的神色，繼續往前行進，阿健決定揹起攝影機跟著他們前去一探究竟。

以往破曉前的城市街道，總是飄散著早餐店的豆漿香味，混雜著泥土的溼氣，交雜著早起運動者的談話聲與走走停停送報生的機車聲。現在的阿健感受不到往昔城市甦醒前的氛圍，只感覺到弄得他鼻孔發癢的灰塵，遠處依稀飄來的瓦斯氣味，人群散發出的浮躁不安。他抬頭一望，天空不再只有漆黑，顯得有點灰濛了，天快亮了。阿健轉頭再看去，眼前的那一幕使他的眼睛圓睜，瞳孔放大，不敢置信……

灰濛欲亮的天空襯出那頹圮坍塌的巨大黑暗廢墟，它斜倒倚向隔壁大樓半腰。隨著天光漸亮，黑色的輪廓內部開始顯現出斷裂的線條，再逐漸著上紅赭色的基調。這應是電影中的場景，災難片的電腦動畫吧？竟赫然出現在自己的眼前！阿健感覺全身血液往腳底竄去，腦袋一片空白，身體定住無法動彈。不知過了多久，他回過神，以專業的反射動作架起了攝影機，紀錄他的眼睛所見證的臺灣百年巨災。

九二一臺北東星大樓坍塌現場 慈濟人用愛陪伴

臺北市東星大樓倒塌於九二一地震時，此大樓往東側傾斜崩塌，高層樓板掉落地面，較低的樓層被嚴重擠壓，並傾斜擠壓至隔壁之豪門世家大廈，造成其二至七樓牆面樑柱損壞嚴重。東星大樓的十二樓則斜靠於豪門世家大廈三樓牆壁上。搶救隊伍於黃金救援期間，積極搶救受害者，此崩塌意外共造成七十三人死亡，十四人失蹤。

松山區慈誠隊員在二十一日凌晨兩點多便已抵達東星大樓災區現場，並分工烹煮熱食，準備供應救災人員、家屬、媒體早餐。四點半協調中心帳篷搭設完成，各項救援物資陸續湧進。早晨六點又於東星大樓前後、區公所增設三個供應站，以充分供給災區各項民生所需。而在慈濟志工火速趕往菜市場採購食材，攤販們在得知後紛紛表示：「不用錢啦！」一位曾大罵「慈濟只救國外」的菜販不好意思地說：「現在我才知道，原來慈濟這麼照顧臺灣本島！」

除了災變現場的關懷，各社區志工也分組前往醫院、殯儀館慰訪傷患或為往生者助念、撫慰家屬。從災變發生後，慈濟志工輪班二十四小時駐守在現場，連中秋夜也不例外，陪伴家屬與救難人員等待奇蹟出現。

一位東星大樓受災戶指著身上慈濟志工送的衣服說：「我們現在什麼都沒有，要不是慈濟，真不知該怎麼辦！」

在各個現場都可看到慈濟志工和災民、軍警義消、社會局、醫護人員互相加油打氣，災區附近的商家亦借冰櫃、電力給東星大樓的慈濟協調中心，他們表示：「我們能做的實在太少，能幫忙就盡量幫忙。」

而慈濟臺北分會社會服務組亦規畫災民「心靈關懷」方案，將逐户普查了解災户身、心實際需求。

——摘錄自：《第一階段：急難救助．救助與膚慰——慈濟人的關懷情》http://www2.tzuchi.org.tw/921/html/14.htm

災難的類型

當一切穩定平安時，人們常誤以為理應如此，生活也應該長久如此。有時還嫌日子過得平淡無聊，想要找些刺激有趣的事情來做。然而，災難的來臨往往是無預警的，讓人措手不及，瞬時間就瓦解了原本平順的生活，將眾生推入痛苦的深淵。

以災難發生的狀況通常可以分為三類，或是此三種類型的混合：

一、天災：寶島臺灣位於颱風路徑上，每年夏秋總要承受颱風蹂躪。在溫室效應的影響下，現代精進的建築技術雖可抵擋更多颱風的吹刮，但以相對落後於氣候巨變的防洪與排水系統，愈來愈難以抵擋颱風帶來的暴雨肆虐。連日豪雨以致於洪水淹沒都市與良田，土石流沖毀道路橋樑，淹沒村落。近年來甚至出現水庫因此濁度過高，形成外面淹大水，家中水龍頭沒半滴水的窘境。此外，臺灣居於歐亞大陸板塊和菲律賓海板塊的交界處，菲律賓海板塊以每年八點二公分的移動速度一直朝西北移動，在臺灣東部花東縱谷、中央山脈、西部麓山帶以及平原區形成一系列的斷層。這些斷層具有很高的活動性，在臺灣歷史上已經造成許多災害性地震。大地震可能瞬間摧毀房舍，繼之水電與交通中斷，甚至引發大火，後續又爆發傳染疾病等等，在在都令人膽顫心驚。

二、意外：現代交通工具眾多且交通相當繁忙，交通事故層出不窮。例如：飛機失事、汽車相撞、火車出軌，乃至平交道意外等等。工業發達之後，工安意外的規模也愈來愈大，例如：工廠鍋爐爆炸、毒氣擴散、廠房大火等等，三不五時就佔據新聞頭版。一般大眾的居家安全也偶因電線走火而引發火災，未注意通風而導致一氧化碳中毒，電梯年久失修而導致傷亡等等。此外，臺灣水域多湍急暗流，但是未注重戲水安全，人們常因貪涼而涉險，夏日溺水事件常接二連三，造成難以挽回的遺憾。

三、人禍：全球許多國家地區常年在戰爭的威脅之下，臺灣雖然隨著兩岸緊繃情勢走緩，逐漸忘記戰爭的恐怖。然而，只要觀察國際情勢，可以發現全球仍是戰事不斷，戰爭殘酷的程度令人髮指。近年來島內雖無戰事，人們的內心卻不平靜。部分人心靈貧乏，暴戾之氣上升。報紙頭版經常充斥著槍擊、兇殺案件、校園霸凌、強盜、殺人、縱火、強暴、虐待等等的人為災禍。破壞環境、濫墾濫伐所造成的災難，部分也屬人禍範疇。

近年來，以上的災難的分界線已經愈來愈模糊了。例如：九二一大地震搖撼全臺之後，加上歷年來的水土保持不良、人們過度開發山林、溫室效應引發的暴雨等等的交互作用，土石流在臺灣已經從新聞，變成了家常便飯。到底土石流要算是意外，還是意料之內？要算是天災，還是人禍？「屬於災難」的灰色地帶已經愈來愈寬，而災難也愈來愈不按牌理出牌。

在這五蘊熾盛的世界中，如果人人皆奉行「日頭赤炎炎，隨人顧性命」的自私準則，這個世界恐怕無力向上提升了。幸好，仍有很多人願意挺身而出，奉獻自己的心力，為這世界遍灑清靜甘露。這其中包含了一群默默付出數十年，分身千百萬於臺灣各個角落的慈濟人。當苦難現時，慈濟人立即動員，合而為藍天白雲的志工隊伍群，化身人間菩薩，穿梭在眾苦難之中，聞聲救苦。

因為要製作本書，我們採訪了慈濟師兄姊與大愛電視臺的記者們，請他們現身說法，講述一下他們見證過的部分天災人禍。為了使當事人能夠暢所欲言又能兼顧隱私，我們會使用化名或是改寫部分情節，請大家把重點放在當事人的見證及感受上，勿猜測受訪者的真實身分。

身心安頓

【大園空難】

一九九八年二月十六日，中華航空CI676號班機自印尼峇里島起飛，目的地為臺灣桃園國際機場。在降落桃園時，因為飛機高度過高，機長執行重新降落時發生失誤，導致機身墜毀於機場旁的臺十五線公路一帶。機上一百八十二名乘客和十四名機組人員全數罹難，並波及省道上的民宅與汽車，導致地面上亦有六人往生。

此件空難發生之時，機場塔臺在與班機失去聯絡以後，立即發出通報，命令機場的消防車搜尋。隨後塔臺發現飛機墜落於機場外，再次通報消防車趕往搶救。在消防車抵達墜毀現場後，發現四棟民宅遭到損毀，現場一片火光伴隨爆炸聲，地面上盡是飛機殘骸、遺體以及散落的行李。當時幾乎全桃園甚至新竹的消防車、救護車都出動了，市區街道呈現緊張、惶恐的氣氛。

發生空難的時間是在晚間八點半，桃園的慈濟委員正好聚在一起共修。忽然從媒體得到消息，求證屬實之後，八十多位的委員及慈誠立即趕到現場，那時還不到九點。同時，他們已經開始連絡並分配好工作，先從最靠近的災區的地區開始動員，外圍的志工開始待命，且準備各項救災物資。

助人者「安全第一」

空難屬於國家級事件，非單一航空公司可處理，需要由民航局統轄救災。此種大型重災都是由軍隊、警察、消防人員先行進入災區。此次空難一共動用了上千名警消與軍力在現場救災，並有民間救難組織投入。必須等到整體狀況穩定後，才會交由志工處理後續的支援行動。所以，志工不可跑在軍、警、消前面，必須要等狀況穩定清楚後再進入災區。干擾救災。甚或是誤涉險境，反倒需要被人救，徒增困擾。

空難現場充滿了機身殘骸、溢出燃料、各種消防化學藥劑，還混合了遺體與各種物件，天色昏暗之下，踩進深度超過足踝甚至厚到膝蓋的泡沫內，根本不知道自己踩到的是什麼。而且，現場隨時有爆炸、起火、不明化學物質侵害等等的威脅，非專業救難者實在不宜進入。因為上述的考量，當時只有一名慈濟志工曾直接進入大園空難現場，獲准進入的原因是因為他具有救難資歷，所以才得以進入拍攝與搜救。根據那位師兄事後的回憶，當天的情景歷歷在目：「我手拿著攝影機進入災區，感到腳底下踩到軟軟的東西，低頭一看，竟然是亡者的手！我心裡實在感到害怕，就不斷地念佛。後來，又踩到一隻大魚，我嚇得整個人跳起來，差點將攝影機丟掉了。」

在桃園委員及慈誠隊到達現場之後，苗栗的慈濟人也接著趕到，開始展開助念以及安撫家屬的工作。某位師姊回憶道：「我是首梯去現場為亡者助念的，因為排在最前面，眼前就是一具具蓋著白布的遺體。有時一陣風吹來掀開了白布，露出的遺體令我痛心，也感到害怕——有的亡者腸子流出來，有的只有一隻手，有的是半邊身體焦爛……」

另一位參與助念的師姊說道：「看到現場悲慘的情形，我的內心感到相當痛苦。遺體發出濃濃的焦味與腥味，令人作嘔，但我仍支撐著念佛兩個小時。回到家裡，只是喝開水就很想吐，腦海裡揮之不去現場的景象，一直覺得很痛心。」

當時，也有數百位的慈濟師兄穿梭在失事現場，於封鎖線週邊協助收集屍塊，他們必須目睹散布在方圓幾公里的範圍之中，支離破碎的肢體，並且協助運送遺體。

曾經參與此事的師兄回憶道：「當我們步入現場，被家屬看到了，他們都說，看到慈濟人就放心了。負責撿拾屍塊的消防隊員與阿兵哥們，愈撿愈害怕。我們前去助念，他們都表示非常歡迎，還要我們增加人力。」

花蓮的吳師兄則說道，進行這類工作必須目睹到僅剩半截的軀體，甚至是軟軟的、一塊塊的殘骸……如果沒有堅定的信仰，助人的善念以及曾在醫院急診室做過志工，看過各種傷口與血肉模糊的狀況，應該是難以承受的衝擊。

安慰家屬　陪伴面對

天一亮，臺北的慈濟人也趕到了，陪伴在家屬身邊協助他們處理一切。相對於慈濟的師兄們協助罹難者遺體集運，師姊們最主要負責心靈的安頓，分組主動關懷各個家屬，安慰、陪伴、傾聽，也依不同的需要而彈性調度。比較缺乏此類經驗的師姊就會由較資深的帶著一起做，從旁汲取經驗，就不會因為不知如何應對，慌了手腳。

家屬原本聚集在機場要接機，等待親人返國的歡喜，霎時轉成罹難的悲楚，心理上根本毫無準備。因為狀況未明，親人生死未卜，家屬的焦急與慌亂可想而知。在面對災難的情緒反應上，約略可見男女有別。女性家屬通常都是哭泣，而男性家屬往往忍住悲痛，不發一語，或是以怒罵發洩，但總體來說，情緒較為壓抑。航空公司後來將家屬安置到過境旅館等待消息，可以梳洗並稍作休息，而慈濟師姊們也一路陪伴。

這時就需要由師姊們發揮女性溫柔的特質，從旁悉心照拂。例如，不吃不喝也都不說話的遇難者的先生，師姊就勸慰他一起為太太唸「觀世音菩薩」，經由一聲聲的誦唸，讓他的心慢慢專注與穩定下來。

【新航空難】

二〇〇〇年十月三十一日深夜，象神颱風肆虐寶島之時，新加坡航空SQ006班機，因為飛錯跑道造成了八十三人不幸罹難，一百多人受到輕重傷的慘劇。冒著十級以上的強陣風，救難人員在象神颱風的狂風暴雨之中，搜救生還者，尋找罹難者，場面一片混亂。這是外籍航空公司在臺灣第一起重大空難，也是號稱全世界飛安最優良的新加坡航空啓業後，傷亡最慘重的一起飛安事故。

熱心加熱食　溫暖身心

志工的任務首要是將家屬先撫慰下來，提供「身」與「心」的安頓。在身體上的安頓要先考慮到人的基本生理需要，要維持「能量」的補給。當時天氣寒冷，淒風苦雨，家屬的內心悲苦，根本不會想到要照顧身體的基本生理需要。因此，慈濟人在出動時就先從自家廚房翻出煮菜用的薑，湊在一起先煮薑湯，不僅提供給救難人員，也一併顧到家屬的需要。

時值深夜又有象神的強風豪雨肆虐，香積志工需透過各種管道採買物料烹煮熱食與薑湯。家中有菜園的慈濟人冒雨收成，甚至去敲賣薑的中盤商住家鐵門，以求買到足夠烹煮熱湯的薑。在寒冷焦急又沒有進食的狀況之下，一杯溫暖的薑湯可以迅速補充家屬熱能，溫暖身體與補充水分、糖分。接下來就是香積志工出動烹煮與發放熱食、奉茶，師姊也會四處走動，將毛毯發給等候的家屬保溫。

當時航空公司也有送出飲料與食物，但是因為人手不足，只將食物放置在櫃檯上，讓需要的人自行取用。此舉雖有其誠意，卻疏忽了「主動發送」的重點。由人主動去發送熱食，除了飲食是「熱」的，由熱心的人主動送上的「暖意」，更是重要。不過，發生空難之際，家屬對於航空公司人員都抱持著很深的負面情緒，無法諒解，更有甚者，堅持拒絕航空公司人員所提供的任何物品與所有關懷。這時，慈濟志工身為善意的第三者，所奉上的飲食，通常較能讓家屬接受。

人類有限的智慧難以全然理解為何災難會發生，會這樣發生，甚至降臨在無辜的人們身上。災難，常使人更感覺自己的渺小、徬徨、無助……當超出預期的災難突然降臨時，就有可能造成輕重不一的身心創傷。

壓力與身心反應

何謂「壓力」（stress）？

生物為了求生，對於種種內在或外來的變動，必須採取相對的因應措施。例如說，感覺到口渴，就得要開始尋找水源，肚子餓了，就得開始覓食。過度的饑渴對於生存造成威脅，形成了「壓力」，生存壓力能迫使生物尋尋覓覓，就為了解除性命威脅。又如：看到天敵出現，動物們必須準備逃命！眼睛要尖，觀察好要逃生的路線，拔腿就跑，甚至同時還要對同伴發出警告。

逃命時，心臟必須高速跳動，呼吸必須變快，以供應全身所需的氧氣，才能釋放能量供給肌肉收縮，高速狂奔。等到遠離天敵之際，雖然可以稍微鬆懈，還是得維持對任何聲響的高度警覺。直到確定安全之後，才可以放鬆悠哉喝水或進食。「逃命」也是一種壓力，身體必須轉換到「戰備模式」才能應付這項壓力。應付得宜就可以僥倖活命，讓身體回到「休憩模式」。應付不及，小命就嗚呼哀哉，生死攸關的壓力不可謂不大！

當然，現代人們不會常常面對與野獸競逐的生死壓力。可是，現代的都會生活，卻衍生更多心理上的壓力。雖然不需看天吃飯，卻得看景氣吃飯。做生意的擔心客人不上門，沒有營收，月底付不出帳款恐怕會倒閉。業務員擔心業績跑不出來，拿不到獎金的話，全家得喝西北風。小孩子不需幫家裡種田，也得應付日益沉重的課業，五育並重，樣樣才藝都得精通，不然會使父母失望甚或責打。

以前人沒車可坐得長途跋涉，出遠門是體能上的壓力；現代人有車可乘，卻是處處塞車，找不到停車位，終於到了目的地卻過不去，是嚴重的精神壓力。以前人地上種啥長啥就吃啥，風不調雨不順就挨餓，是壓力；現代人大多不須務農，但沒工作就沒錢，生活壓力也不輕。如果再加上突發的意外狀況呢？生病、受傷、家人發生意外……這鐵定讓我們的壓力指數破表。

壓力對生理、心理的影響

我們的身體擁有一套「自律神經」系統（autonomic nervous system），包含「交感神經」與「副交感神經」兩部分。如果以車輛來比喻的話，交感神經可謂是人體的「油門」，而副交感神經就是「剎車」了。為了要應付壓力，我們的交感神經會開始亢奮，同時腎上腺也開始大量分泌腎上腺素，使得心跳變快、血壓飆高、呼吸急促、眼睛瞪大、肌肉緊繃、動作反應加速、沒空想吃飯或睡覺。同時，心理也開始感到緊張、不安、煩躁，警覺性變得很強，風吹草動就豎起耳朵，全神戒備，呈現神經質的狀態。當壓力解除之後，我們的副交感神經就開始踩煞車，心跳就逐漸變慢、呼吸變平緩、肌肉放鬆，心情會逐漸感到輕鬆、平靜。

一般而言，在日間須要工作、上學、處理各項事務時，交感神經較占優勢；夜間要休息、睡眠時，則是副交感神經較占優勢的。這好比是太極圖裡面的陰、陽兩極，互生互補，彼消我長，調節生理狀態以順應外界的狀況。要是有人白天衝衝衝，晚上交感神經放鬆不了，副交感神經長期被壓抑到功能不彰，那會產生甚麼狀況呢？恐怕會身體累得很，腦袋卻胡思亂想個不停，眼睛睜大大，夜夜眾人皆睡我獨醒囉！所以，古早以來就流傳的「自律神經失調」的說法，或許不假。現代人尤其常因長期壓力，又缺乏良好的調適，永遠記得催油門，卻忘記適時踩煞車，因長期壓力導致掛病號的案例屢見不鮮。

為了要應付現實所需，大部分的人都可以忍受短時間的戰備狀態，但是如果壓力實在是大到難以承受（例如：創傷事件，諸如九二一大地震、八八水災、死亡車禍、空難意外……）或是壓力長期持續、經年累月、無望解除（例如；東星大樓住戶歷經十年尚未盼到重建完工……）猶如油門催太久了，車子也會拋錨的。這時候，當事者就很可能因為無法調適良好而產生各種急性或慢性的「壓力症候群」。

壓力對腦部的傷害

壓力對於腦部的學習與記憶功能影響甚大，會受壓力影響的腦區包含「海馬迴」（hippocampus）與「前額葉」（prefrontal cortex）。壓力會導致體內兩種賀爾蒙上升——可體松（cortisol）與正腎上腺素（norepinephrine），以讓身體應付壓力所需。

當低濃度的正腎上腺素分泌時，可以增進認知與注意力，刺激腦部前額葉的活動。所以，適當的壓力可以使人的表現更好，做事更有效率。但是，當正腎上腺素飆到很高的濃度時，腦部反倒開始「當機」，卡住了、無法思考。又如短時間增加可體松的分泌，可以使全身的能量都集中到腦部與肌肉，促使思考與行動加速，這對於緊急狀態的求生是相當重要的。但是，如果可體松長期都維持高濃度，身體會受損，甚至連腦部也可能受到傷害（Bremner, 2004）。

壓力也會造成腦部的「神經營養因子」分泌下降，使腦部營養不良，關於記憶的海馬迴無法形成新的神經連結，「形成」與「回想」記憶的路徑受損，使人的腦部變得像得到早期「失智症」那樣。所以，長期處於壓力之下，或是曾經遭受過嚴重心理傷害／虐待的人，海馬迴會顯得比一般人小（Bremner, 2004）。

所以，請勿以為「有壓力才會有更好的表現」，而疏忽了壓力的疏導與管理。正確的觀念是——「壓力要適當」，過少效率不好，過多則可能使人腦部「當機」，甚至形成長期的損傷。

隨時測量一下自己的情緒水位

加入慈濟志業之後，常常需要與時間賽跑，長期照顧他人與持續的付出。如果又加上突發性的救災工作，壓力可能就會倍增。然而，助人者如果只往外看，忘記要守護好自己的「心」，反倒感染了惶恐與煩惱，離清靜之心愈來愈遠。所以，如果近來感覺心情不太對勁，但是又說不上來哪裡不好，也不知道需不需要求醫，則可以下列僅有五題的簡易自評量表，測量一下自己最近的身心狀況。

心情溫度計——簡式健康量表

說明：請仔細回想在最近一星期中（包括今天），這些問題使您感到困擾或苦惱的程度，然後圈選一個您認為最能代表您感覺的答案。

	完全沒有	輕微	中等程度	厲害	非常厲害
1. 感覺緊張不安	0	1	2	3	4
2. 覺得容易苦惱或動怒	0	1	2	3	4
3. 感覺憂鬱、心情低落	0	1	2	3	4
4. 覺得比不上別人	0	1	2	3	4
5. 睡眠困難，譬如難以入睡、易醒或早醒	0	1	2	3	4

得分與說明：	
得分0-5分	目前身心適應狀況良好。
得分6-9分	輕度情緒困擾，建議找朋友或家人聊聊，抒發情緒。
得分10-14分	中度情緒困擾，建議尋求心理諮商或接受專業諮詢。
得分＞15分	重度情緒困擾，需要高度關懷，建議接受專業諮詢或身心科治療。

資料出處：臺大醫學院精神科李明濱教授等人（Lee et al. 2003）

量表說明

這個量表裡面的第一題及第二題是用以評估「焦慮」，內心是否容易緊張，無法維持平靜、安定的感覺。甚至因此導致胡思亂想，且在不安的情緒下，容易因為一點小事就牽動神經，變得比較容易發脾氣。

第三題是評估「憂鬱」的程度，是否有心情鬱悶、低落、提不起勁，凡事興趣缺缺，烏雲籠罩的感覺。

第四題是評估有否因為憂鬱，導致喪失自信，對自己產生負面評價，懷疑自己的價值，出現別人各方面都比自己好，事情做得好，運氣比自己好，名聲比自己好……

第五題是為了評估「焦慮」或是「憂鬱」所導致的「失眠」，包括：剛上床時睡不著，或是入睡後睡眠中斷，睡睡醒醒，或是很早就醒過來，再也睡不著等等。很多人的睡眠困難不只一種，混合型是相當常見的。不管是哪一種類型的失眠，背後都潛藏著情緒困擾的核心問題。

當然，人不是機器，身心狀況並非永遠不變的，偶而有所起伏還算是正常，所以總分在五分以下都可以視為良好，並非通通都是「完全沒有」才算良好。

參考資料：

Bremner J. 2004. "Does stress damage the brain? Understanding traumatic-related disorders from a mild-body perspective." *Directions in psychiatry*. P.167-176

急性壓力反應

我們常在戲劇中看到這樣的情節：當事者目睹創傷事件後，一邊喃喃自語說：「這不是真的！這不是真的……」一邊無意識狀態的亂晃，無心關注身旁狀況，下一個鏡頭可能就是當事者被車輛撞上，再來就是送到醫院。

人命非同小可，此時旁人的關懷與善心，是突遭橫禍的當事者唯一能夠倚靠的大菩薩。

對於突發的嚴重傷害——靜止、逃命、戰鬥（freezing, flight or fight）

當遇到一個突發且可能危及生存的事件時，動物的第一個反應往往不是拔腿就跑，而是先「停止、觀察、聆聽」，這可能是從遠古時代，動物為了防止在突發狀況時產生「暴衝」，反被掠食者注意到而被獵殺，所以才發展出「安全設定」——全身鎖住、突然定住不動（Gray, 1988）。

道路是目前最常見到這種靜止反應的地方，例如：野生動物遇到疾駛而來的車輛，被刺眼的燈光照到時，往往都不閃避，呈現出動彈不得的樣子。當情勢觀察得較為清楚後，動物就會判斷是否可以「逃命」，如果逃不了的話，逼不得已則要「戰鬥」。

急性壓力反應（acute stress reaction）

人類承襲了遠古以來的長久遺傳，在遇到意外事件的當時，也常呈現整個人呆住，被鎖住了，事後才漸漸回神，可以對外界做出反應。如果突發事件太過嚴重，傷害程度太大時，例如：當事者目睹或經歷過可能導致自己或他人相當的傷害，甚至威脅到性命的事件時，會感覺到相當恐懼、無助、驚慌，正腎上腺素飆到很高的濃度，使得腦部呈現「當機」，呈現「恍神」狀態，感覺到「麻木、疏離、缺乏情緒反應」，或是對週遭環境知覺度降低、反應變慢，呈現恍惚狀。甚至，當事者可能會感到「這世界看來好像不是真的」，感覺「自己跟現實世界脫節」、沒有「真實存在」的感覺，乃至「無法回憶」事件當時的重要情節。這對於當事者的心靈而言，或許算是「暫時斷電」的保護措施，避免巨大的負面情緒瞬間把人給摧毀掉。

就像前面提到的空難罹難者家屬，有些會採取將壓力往外爆發的方式，例如：激動痛哭、謾罵、摔東西等，有些則是壓力過於龐大到無法處理，可能會出現失魂落魄、呆坐、面無表情、對外界叫喚沒有反應、不思飲食等等的狀況，請體會他們的心正在努力暫時隔絕強烈痛苦的入侵，我們要多給他們一點時間喘息。

急性壓力症狀的照料

所以，趕赴災難現場的志工菩薩要多注意這些急性壓力症狀，先篩選出需要密切注意的對象，多給予關心與慰問，同時進行評估是否需要提供更進一步的支援。例如：當事者呆僵、麻木到無法自理飲食時，就不能僅告訴他哪邊有發放，或是只將餐食送到他面前，而是要更進一步的陪伴在身邊，勸慰飲食，必要時可能還需要一口一口的主動餵食。

當需要幫助的對象呈現躁動或是想往外衝的狀況，則要考慮到他盲目離開庇護場所的危險性，建議要立刻婉言相勸、護住他、將他留在安全的地方，等他完全回神之後再說。身陷在這樣的困境時，當事者幾乎是喪失察覺危險與自救的能力。如果有人具有這樣的了解，明白此時這些人的即時需要，主動付出關心，暫時保護照顧他們，必要時拉他們一把，那麼功德可就大了。

我們不需擔心這種當事人需要陪伴多久，因為大部分的人在身心稍微安頓一陣子之後，生命的強韌會再度茁壯，回復原有的能力，就可以自己去面對與處理往後的生活。

默默陪伴莫追問

另外，此時除非當事者想要述說，否則不要強行追問事件當時的過程，以為這樣可以讓他抒發情緒。事實上，因為此時腦部處於自動阻斷的狀態，追問任何問題或是強迫當事人回憶，都是相當折磨人的。試想，如果我們的心靈才剛被巨大的災難衝擊到只剩斷壁殘垣，恐怕是難以承受滔滔不絕的問話。安靜與體諒地陪伴，應該是令人感激的安慰了。

某些媒體記者追問災難倖存者：「你家人都死了，你現在心情怎樣？會不會很難過？」即使為了追新聞，這種粗魯的行為實在不是文明的舉止。逼對方去回憶，甚至質問為何沒有採取防範措施或是搶救罹難者，就像在別人的傷口上灑鹽一般，是相當要不得的「二度傷害」。

沒有人會故意不去救親人，只顧自己逃命。像是空難者的家屬，又哪能得知這架班機會失事呢？如果可以預先知道，誰會願意讓災難發生？而且，意外絕對是突然發生，難以防備才會叫做「意外」，根本是無法招架的。所有事後孔明式設想、推論、假設當時可能怎樣，就不會怎樣……都只是腦袋裡的「自我誇大」，根本沒有人能在毫無預警與沒有充分演練下做到。然而，身為倖存者常因此懊悔、自責、失去至親、未來要獨自面對家庭殘缺等等而相當痛苦，所以，必要的時候也應該保護災民或受難者家屬不致受到過度採訪與學術調查騷擾。這時多問無益，最好先默默陪伴、照護，情緒支持，將倖存者負面的想法化解開來，方為上策。

參考資料：

Gray J. 1988. "The psychology of fear and stress." Cambridge: *Cambridge University Press*.

創傷（Trauma）經驗

【澎湖空難】

二〇〇二年五月二十五日下午三點二十八分，華航由臺北飛香港的CI611班機在澎湖馬公外海失蹤，傍晚五點左右確認失事墜海。機上有十九名機組員與二百零六位乘客，無尋獲生還者。

在確認空難發生後，澎湖慈濟人立刻全部動員起來，分派好了各自的工作。香積開始準備湯、水、飲食、點心等，提供救難人員食用。

災難現前　香積素食令人安

社會大眾普遍認為需要體力時，應該要吃葷食，才能有足夠的蛋白質補充體能。部分民眾甚至質疑慈濟提供的都是素食餐飲，認為救災人員與災民已經夠辛苦了，連肉都沒得吃，好可憐。殊不知，當救災人員在經歷過血肉模糊、充滿焦味、腥味……各種負面的聲色觸覺經驗之後，還會想要食肉嗎？恐怕光是想到、聞到就要作嘔，看到肉食更可能就作嘔了。而受難者的家屬想到自己的親人身軀可能或已經支離破碎，還忍心舉箸夾起肉食嗎？考慮到這些心境，提供素食餐點才是所有人都悅納的。

在部分澎湖慈濟人準備接送家屬與後續膚慰的工作之際，桃園的委員們也陸續到達機場，開始接待家屬，一路隨機去到澎湖陪伴家屬。第一天尋獲的遺體大部分比較完整，第二天開始，身體多半不全了，令人不忍卒睹。時間不斷過去，屍體慢慢發臭，慈濟人不僅眼睛要看破碎腫脹的屍體，鼻子還要忍受難聞的味道，更要調適自己心靈的恐懼感。

考慮到對家屬心理的衝擊。慈濟人就在家屬與法醫或有關單位之間協調聯絡。當尋獲屍體要相驗時，法醫驗屍過程，慈濟人陪伴在旁，了解罹難者的身體特徵之後，再詢問家屬是否符合，條件差不多符合時才陪同家屬前往指認。為了照顧罹難者家屬的心，慈濟人表達了細膩的關懷，他們怕家屬在認屍過程中會太激動而暈倒，所以每一位家屬一定有兩位志工陪伴認屍。

創傷經驗

嚴重的傷害狀況時，即便我們使盡全力去調適，也難以抵擋傷害的形成。此時，巨大的心理壓力就會出現，壓到精神上產生了難以癒合的傷口。即使時間過去，心理上的創傷勉強癒合，也還是隱隱作痛，不經意觸碰就劇痛，痛到令人想要躲避，不敢去掀開相關的回憶。到這種程度的傷害事件，就稱為「創傷經驗」。就像這些空難意外中的家屬，在毫無心理準備下，從歡喜等待親人歸來，瞬間變成可能罹難的噩耗，經過焦急的等待與盼望奇蹟的落空，接著面對殘酷的認屍與長期承受喪失親人的痛苦。從此之後，「空難」對他們而言不再只是個新聞名詞，而是痛入心扉的創傷經驗，不堪再聽到或是看到類似的新聞，只怕又掀起痛苦的回憶。

「創傷經驗」可因生理或心理兩種因素所導致：

一、生理：此類來自於身體方面的實際傷害，此傷害間接產生了心理傷害。例如：因為疾病而造成截肢，導致病患的自我形象受到強烈打擊。或是遭遇爆炸、火傷，導致大面積的燒燙傷，從生死關頭熬下來，後續又要承受強烈痛楚，肢體活動受限而需要漫長的復健，甚至是毀容的嚴重心理打擊。

二、心理：此類雖然生理方面沒有受到實際的傷害，但其痛苦經驗卻直接在心理上留下陰影。例如：重大災難雖劫後餘生，但是家人有傷亡或是家園全毀，重建之路漫長難熬。或如，在學校受到同學或師長霸凌，自尊與自信受到嚴重的貶抑，這些負面經驗都可能留下長期的心理創傷。

哀傷五階段（Five Stages of Grief）

【九二一大地震】

發生於一九九九年九月二十一日，震央位於臺灣南投縣的集集鎮，震源深度八公里，芮氏規模七點三，為臺灣於二十世紀末傷亡損失最大的天災。據推測此次地震是因車籠埔斷層的錯動，在地表造成長達八十公里的破裂帶。臺灣全島均感受到嚴重搖晃，共持續一〇二秒，造成約二千四百一十五人死亡，二十九人失蹤，一萬一千多人受傷，超過五萬一千七百間房屋全倒，近五萬三千八百間房屋半倒。

沒有遭遇過災難的人，不知道災難的可怕

在九二一大地震後，花蓮慈濟人立刻動員，收集好種種救難物資就打算往災區衝去。但因證嚴上人擔憂路況危險，硬是緩了幾天才讓大夥出發。到達災區時，吳師兄看到房舍倒塌，滿目瘡痍。不禁回想起小時候（六十年前）曾遇過這樣的大地震，花蓮房舍全倒，老人家都堅持小孩子要睡在戶外，用門板當床，就是怕再發生餘震。

關於吳師兄憶及的幼年遭逢的大地震，網路上還留有很多資料與圖檔：

《花蓮縣志・卷一大事記》一九五〇年，也就是民國四十年代有如此記載：「十月二十二日上午連續五級六級地震，花蓮市損傷最大，全縣死亡四十五人，重傷九十九人，輕傷七百三十二人，房屋全毀二百七十棟，半毀三百五十棟，損壞一千五百零四棟，各項建設工程及

公私建築場所破壞不勝記，無家可歸者六千四百一十七人。又餘震截至十一月二十五日共計五百六十三次。」此次地震從北開始，大大小小的餘震不斷，往南擴散，瑞穗、玉里……整個花東處處柔腸寸斷。

吳師兄認為，可能因為花蓮曾遭遇這樣的強震，建築法規比臺灣其他地方都嚴格。花蓮的房舍在於防震方面都不敢馬虎。九二一大地震就震出了以往少地震之處，人們輕忽地震的威力而在建築上不確實。這樣人員傷亡與房屋毀損之中有「天災」的成分，但也有部分「人禍」的因素。蓋房子還是要「安全第一」，災難多的地方更要講究「防災」。

走過地震災區，吳師兄眼見不僅民房倒塌、公共建設損毀，連平常香煙裊裊，信徒紛至祈禱的廟宇竟也難以倖免！吳師兄說：「只有像志工們那樣從心中發出願力，肯去用心做，才能成就真正的『殿堂』。」

【桃芝風災】

二〇〇一年七月三十日凌晨，桃芝颱風於臺灣花蓮縣秀姑巒溪附近登陸，登陸後朝西北西方向行進，不同於以往颱風的過境時間為五、六小時，桃芝颱風因受中央山脈之阻擋，滯留於臺灣中部及山區超過十小時以上，為花蓮及中部地區帶來豪雨，累積雨量超過七百公釐，最大時雨量達一千公釐以上，造成花蓮及中部地區多處坡地崩塌及土石流災害。以花蓮縣光復鄉大興村為例，該村位於清水溪旁，當晚十一點多暴雨狂風同時到來，山洪爆發，凌晨發生規模遠超乎以往的土石流，上游攔砂壩掩埋約一點五公尺，民宅處超過十公尺深。清水溪上游之北溪、南溪均發生土石流，越過河堤沖毀六、七、八鄰的民宅，造成二十人死亡、十五人失蹤。

桃芝風災發生在夜間，花蓮慈濟人在隔天下午就已經備好物資啟程救災。志工到了光復鄉的災區就開始建立醫療站，由慈濟醫院醫護團隊提供內外傷的醫療服務，同時進行各項慈善訪視與發放。因為罹難者陸續被找到，志工們還要協助清洗遺體，穿壽衣，入殮等等。

吳師兄回憶，風災後的頭三天發現的遺體通常沒有什麼氣味。但是一週以後才發現的遺體，因為細菌造成的腐壞。往往散發出濃厚的氣味。那種氣味很難以言語形容，幾乎是難聞到人人走避。處理過後很多天，甚至很多年後，鼻子裡依稀還存著那種氣味。直到現在偶有聞到東西腐臭的味道，那種深刻的嗅覺記憶立刻被勾起，彷彿鼻子又再度聞到了那種氣味。

像風災、土石流、落水溺斃的水流屍，通常會被水浸到身體發白，但因為受到砂石的沖刷，衣物會被扯落，甚至毛髮幾乎都不存了。加上尋獲時，如果已經往生多日，遺體往往樣貌殘缺不全，且已出現難聞的氣味，也因開始腐爛而一碰就壞，無法再進行清洗了。這時女眾們可能會膽怯，得要換男眾志工前去放冰塊，進行遺體保存的工作。

某些需要體力與膽量的狀況，師姊們雖然不能上場，然而女性在膚慰的方面是無可取代的。災民若是女性，男性志工不宜過度親近，而師姊們可以無礙地提供膚慰。即使災民是男性，看到母親形象的師姊出現，常常當場就情緒潰堤，禁不住宣洩出積壓多時的痛楚，師姊們立刻提供種種膚慰。所以，出外救災，男女志工的角色不同，互有所長，彼此互補。

哀傷的五個階段

心理學專家庫柏勒—羅絲（Elisabeth Kübler-Ross, 1973）曾在安寧病房觀察到，一般人在知曉自己得到不治之症後，通常要經過四類心路歷程，才能達到最後階段——「接受」事實。在災難中不幸失去親人或受重傷者的身上，也常能見得到「接受」事實之前的四種情緒反應：

一、否認（denial）：這通常是當事者知道消息後的立即防衛機轉，試圖否認事實，認為那不可能是真的：「怎麼會發生這種事情？」「不可能！」「一定弄錯了！」「這不可能發生！不可能會發生在我／我家人的身上！」

二、憤怒（anger）：隨著當事人逐漸了解事實是難以否認的，個人的情緒會逐漸高漲，開始產生憤怒的情緒，甚至會把情緒轉嫁到不相關的人、事、物上面。例如：怨天尤人，「我沒做啥壞事，為什麼這種惡運要落在我頭上?」或怪老天不長眼睛,「我的親人都是很好的人,為什麼選擇讓他們罹難?」或者是怪罪政府防災疏失、決策錯誤,揚言要誰下臺負責。甚或是直接責怪救難人員動作太慢,與他們發生激烈的口語甚至是肢體衝突。

三、討價還價(bargaining):對於親人的生還抱持著一線希望,或是盼望自己的身體狀況並非原先被判定的那麼糟糕,如果親人能夠生還/自己能夠不被截肢……就發願事件過後,會做何事去償還等等。常見到失蹤者的家屬假設親人還在某處等待救援,要求搜救不可停止,除非見到屍體,絕不肯放棄希望。

四、沮喪憂鬱(depression):內心經歷過百轉千迴後,最後還是得面對殘酷的事實。此時,常見到當事人心情低落,拒絕他人的關心與互動,想要自己獨處,陷入哭泣、失眠、悲慟、難捨、無奈、沉重,不思飲食的憂鬱狀態。

上述這些情緒反應不見得會依序發生，可能數種同時出現，這個情緒剛退，別的情緒又出現了，要多久才能走過傷痛，進入「接受」階段，並沒有確切的時間表，常常是因人而異、因事件而異。

五、接受（acceptance）：到了最後的階段，所有的情緒都走過了，從憂鬱中逐漸打開心房，接受了不得不接受的事實——親人真的離去了，或是自己的身體真的無法康復／回到原狀。這時，當事人可能會說：「我好了，就這樣吧！」或是「我沒有辦法改變這些，我只好接受了。」

對於哀傷的五個階段有概念之後，我們再回過頭來看看災難現場的罹難者家屬的反應，就會比較能夠理解了。

災難發生後，隨著時間慢慢過去，人總會逐漸回到現實。但是，現實是這樣殘酷、令人難以承受，毫無預警、相當無常，也不盡公平。當事人或許就從原本的靜止、呆僵狀態，跳進「戰鬥」的階段，例如：

罹難者家屬謾罵航空公司的櫃檯人員，車禍罹難者家屬毆打肇事者，或是丟東西、摔物品、狠踹椅子、捶打桌子……種種看似不理性的憤怒反應。有時，災民還對家人的生還心存一線生機，會拒絕撤離，或是堅持救難人員繼續危險的搜救行動。我們此時要能體諒，當人遭受如此大的巨變與深受創傷之際，出現這些行為是人之常情。即使，慈濟人有時也會在救災時因為上述的狀況而被「遷怒」，包括：被災民拒絕、言語貶抑、責難……這些都要先有心理準備。此時要拿出上人所說的「忍辱」，多多包容善解。

有些人則會採取消極的逃避策略，例如：持續啜泣、自責、把過世家人的房間原封不動鎖起來、把亡者的照片或是與亡者合照都收起來，甚或是假裝對方尚在世間，只是出遠門了。有的當事人甚至拒絕辦理保險理賠，否認亡者真的過世，或是徹底的沉溺在憂鬱、哀悼之中，無法自拔。有的人甚至決定搬家，以求遠離傷心地，眼不見為淨。總之，在走到最後真正的接受事實之前，人對創傷的情緒反應錯綜複雜，難解難了，不折騰到心死、接受事實之前，心是安定不下來的。

參考資料

Elisabeth Kübler-Ross 1973. *On Death and Dying: Routledge.*

創傷後壓力症候群（Post-Traumatic Stress Disorder, PTSD）

【鐵道公安意外】

二〇〇六年三月十日凌晨，臺鐵崇德道班領班率領五名工作人員前往北迴線崇德車站附近軌道，進行鐵路絕緣板檢修工作。疑似疏忽填寫派工單，導致行控中心不知有此維修任務，加上車站工作人員未在鐵路列車接近崇德車站前通知施工人員，也沒有通知列車機車長注意鐵道上有施工人員，又因領班並未指派瞭望員，也未在前方設立警示牌，導致高速行駛的列車直接撞擊施工人員，造成五人當場死亡。

當日，勤務中心通知有事故出現，即使狀況不明，花蓮區的潘師兄與范師兄就立刻打電話聯絡，隨即出動了十個人，開車出發。然而，事故的確切地點呢？潘師兄以臺鐵同事的身分去查，因為消息被封鎖，對方就是不肯說。後來潘師兄表明自己是慈濟人，對方立刻告知事發地點。

到了事故現場，天色昏暗，得摸黑過去，腳底下踩的可都是屍塊！因為被高速撞擊，甚至是被拖行，罹難者的遺體幾乎都不成人形，衣服也是只剩幾片布，骨肉模糊，腦漿迸裂，有的只能從車輪下拉出一塊皮膚以供認屍。當場的臺鐵員工內心相當慌張，對於發生這樣嚴重的傷亡事件，都感覺「毛毛的」。這時，慈濟師兄們就開始念佛，安定人心，後來則繼續陪同家屬認屍，膚慰家屬的震驚與悲傷。

在家屬還沒來之前，慈濟師兄的重點工作是安撫肇事的火車司機與唯一倖存的新進鐵道工的情緒。

通常以這樣的災難強度，所有目擊者、災難倖存者、參與救難者，甚至在現場安撫家屬、協助整理的志工，未來都很可能會出現「創傷後壓力症候群」相關症狀。

創傷後壓力症候群

當創傷太過嚴重或是當事者的身心狀況過於脆弱之際，創傷性事件的後遺症並無法隨時間逐漸平息，在事件過去一陣子之後依然持續出現下列的狀況：

當事人的眼前，有時會反覆出現事件當時的景象，有如電影在眼前播放，反覆映入眼簾、慢動作重演，事件當時的聲音、氣味、場景、對話……甚至在毫無相關的狀況之下，猛然回想到那個創傷事件，且不由自主地思考起事件當時的種種細節，即使內心不願意去想，但是大腦卻進入強迫性思考……或是，在睡覺時反覆夢到相關的場景，導致惡夢連連、驚醒、難以入眠，甚至懼怕再入睡。有時，創傷經驗重演得太過真實，整個人瞬間被拉回創傷事件裡，與現實完全脫離，整個人看似失神了，可能對於他人的叫喚都沒有反應。經驗重現時的真實感，有時甚至會讓人錯認為那事件又再度發生了。

因此，當事者努力避免想任何會引起創傷事件回憶的刺激（例如：思考、情緒、對話、活動、地點、人物），遇到會提醒他想到此事件的線索時，都感到相當痛苦。當事者同時會出現明顯煩躁不安焦慮、容易受到驚嚇、神經兮兮、失眠、無故激動、注意力分散等等的狀況。這些狀況往往會對當事者的工作、課業、家庭互動、人際關係……都造成負面影響，無法完成重要的事情，甚至也無法與親友談論此事件，以得到需要的支持或個人資源。

如果當事者的狀態已經嚴重到符合「創傷後壓力症候群」的程度

時，例如：地震倖存者每日惡夢、因為懼怕餘震無法入屋內休息、無法工作，或是救難的志工返家後總是感覺聞到屍臭味、食不下嚥、不敢入眠、嚴重到無法扮演原來的家庭角色，甚至想要退出志工行列，或是上述鐵道意外事件中的倖存者，車禍當時的景象整日在眼前重現、從此不敢接近鐵道、根本無法繼續原來的工作……像到達這樣的嚴重程度時，可能就無法只靠個人的意志力或是他人的情緒支持獲得舒緩，此時應該讓醫療介入，使患者早日好轉。

災難後嚴重心理創傷的危險因子

從以往的文獻可歸納出下列的危險因子，可用以推測那些災難當事人日後較可能出現「創傷後壓力症候群」：

一、災難中有家人或好友喪生：因為災難而使家人或親近的好朋友喪生，對於當事人的創傷一定很大。缺少了任何一個家人，對家庭結構都會造成嚴重的破壞。如果過世的家人又是家庭的經濟支柱，甚至會危及到倖存者的生存。在情感支持上，除了親人之外，好友也扮演重要的角色。失去好友雖不致影響家庭結構，但仍會使人的情感支援層面受到嚴重的打擊。

二、過去有精神科病史：例如：過往有焦慮、恐慌、憂鬱的病史，經過災難之後，身心壓力龐大，很容易造成惡化或疾病的復發。

三、在災難過程中曾有「恐懼」經驗：一朝被蛇咬，十年怕草繩。人的腦部對於「恐懼」的記憶特別深刻，難以磨滅。最嚴重的是面臨生死關頭、甚至是瀕死狀態，都容易使人容易惡夢連連，揮之不去。

四、靠近災難現場：人們有一張「心理地圖」，遠在天邊的戰亂或災難，比較覺得與己無關，愈靠近自己所處的位置，感受愈強烈。就像八八風災，南部民眾的感受就遠比在北部的人強烈多了。

五、低社經地位：社經地位往往與個人能夠運用的資源的多寡成正比。當遭受到災難的襲擊，尚有資源的人較快能夠恢復，而原本就捉襟見肘的低社經狀況的民眾，無疑是雪上加霜，較難重建與恢復。

六、肢體傷殘：身體也是災後重建的「本錢」。擁有健全的肢體，對於災後的復原是有利的因素。如果在災難之中，受傷了，甚至造成肢體殘障，又病身體又不方便，就較容易持續陷在創傷經驗之中。

七、房屋或財產受到損害：住屋是保障人不受風吹雨打之重要遮蔽物，沒有了家，就意味著要餐風露宿，或是寄人籬下。住屋也常是個人這輩子最大的財產，一旦滅失了，再度置產的門檻往往相當的高，重返家園遙遙無期，心理上的不安定感會讓人飽受折磨。其他的財產也可能是個人多年的努力積攢，或是唯一的收入來源，例如：廠房、果園、農地、牧場……一旦受到損害，過去努力付諸流水之外，生存也備受威脅。

八、收入受到影響：可能生財工具滅失，或是工作機會因此災難而減少，例如：擺攤的生財工具被沖走或損毀，便無法繼續營業。工廠受到嚴重災害以致停工，工人便無處上班。當收入頓減時，生存受到嚴重的威脅，更別妄想重建與復原，人心惶惶，陷於驚恐之中難以安定。

如果有符合上述任何一項的危險因子者，應該要特別關心與做後續的追蹤，必要時伸出援手給予適時的支援，將可減少「創傷後壓力症候群」出現的機會。

請填寫左側的量表，數數看您一共勾了幾題，然後以總勾選題數來核對一下分析結果：

零到四題，您目前的狀況繼續自我健康管理即可。

五題以上，建議您尋求專業諮詢、精神醫療協助。

創傷後壓力反應——自我檢測篩檢表

如果您想要更確認一下自己在災難後的壓力反應，是否已經到達需要求助於專家的話，請做以下的自評量表。此量表共包含十小題，您只要把符合自己的描述勾選起來，不符合的就留白。

在災難後，最近「一個星期」您是否有以下情形，請勾選符合的描述：
□ 1. 您有睡眠的困難嗎？
□ 2. 您會感到憂鬱（傷心、難過、鬱悶失望、沮喪）嗎？
□ 3. 您對於突然的聲音或未預期的動作會感到驚嚇嗎？
□ 4. 您變得較容易生氣嗎？
□ 5. 當回到災難發生的地方，您會不會感到害怕？
□ 6. 您的情緒會不會經常容易波動？
□ 7. 您會感到身體易緊張嗎？
□ 8. 您會感到不願跟其他人談話嗎？
□ 9. 您會出現與災難相關的惡夢嗎？
□ 10. 您會有良心不安，對自己責難或感到愧疚嗎？

資料來源——《行政院衛生署災難心理衛生工作手冊》

助人者的替代性創傷（Vicarious Traumatization）

【撞山空難】

一九八九年十月廿六日，一架華航波音七三七客機，原訂飛往臺北松山機場，但從花蓮機場起飛後不久即因轉向錯誤而撞上中央山脈，造成五十四人罹難。

當時大愛電視花蓮區記者對此意外事件的回憶道：「聽說是駕駛搞錯南北方向，一起飛是要往海飛去，方向弄錯就往山飛去。看到山來不及拉高高度，就撞上去。」

「連精舍師父都聽到巨響，大家往山看過去，整個山都紅了，一團火光。」

「當時在旁邊山下的部隊服役，就被叫去搜救。其實根本沒有人得救，全都是焦黑的屍塊散落四處，無從分辨。最大塊的遺體是一整隻的腿，最完整的就只有那樣。空氣中瀰漫著燒焦的氣味……」

「什麼都沒看到，就都是焦黑的、散落的、掛在樹梢的……」

【五子兇殺命案】

二〇〇六年九月九日晚間，花蓮吉安鄉一處透天民宅內被發現到二具身型較大的屍體，和三具較小的屍體，死者頭上都套著垃圾袋，頸部有鐵絲綑綁的痕跡，通通擠在二樓一坪大的浴室裡面。浴室門還被膠帶黏到密不通風，屍臭味到第三天以後才被鄰居發現。

大愛臺記者回憶起第一時間到達犯罪現場時：「其實，命案現場被封鎖，因為擔心採訪會破壞現場。即便是記者，也只能在房子外面等待。那天飄著雨天色陰暗，整條巷子瀰漫詭異的氣氛，鄰居竊竊私語。我們只能聽著各方的耳語，聞著燒紙錢的氣味。」

「聚在凶宅外面的人們，開始焦慮不安起來。為了平撫這股不安氣氛，現場的慈濟師兄姊們念起佛經，超渡亡者，也安定了所有人的心……不管有沒有信佛，大家都跟著唸起佛號……」

感同身受：鏡像神經元（mirroring cells）

一般相信，我們腦中的神經元網絡是儲存特定記憶的所在。近年來的研究發現，我們的腦中還有一群可以反映外在世界的特別細胞——鏡像神經元，這些神經細胞儲存了特定行為模式的編碼，使我們能夠理解別人的行為及企圖、彼此溝通，並讓我們能透過學習而將生存技能傳承下去。

例如：看到別人做某個動作所激發的鏡像神經元組合，就與我們自己做同樣的動作時所活動的相去不遠。這對我們大腦而言，別人做的跟自己做的，幾乎是難以分辨的感受。鏡像神經元的此種特性不單讓我們可以想都不用想，就能執行基本的動作，同時也讓我們在看到別人進行同樣的動作時，不用細想就能夠心領神會（Rizzolatti et al. 2006）。

看到別人笑時，鏡像神經元讓我們不由自主的就跟著微笑起來。例如：到了慈濟的回收站，遇到每個師兄姊都對著我們微笑，熱絡的招呼著，我們往往也不自主的嘴角帶著笑（無意間的「模仿」），覺得心情跟著開朗起來，心中升起暖意。透過觀察到的他人面部表情，鏡像神經元提供我們一個內在的模仿，幫助我們在第一時間察知別人表情和情緒的改變，也幫助我們立即知曉別人的意圖，讓我們瞭解別人的心智狀態。透過這種鏡像式的「模仿」，我們可以跟別人分享情緒、經驗、需求和目標——模仿和鏡像神經元加速了自己和他人的親密關係。人我是「一枚銅板的兩面」：他人形塑了自己，自己也影響了他人。透過彼此「模仿」，我們產生了感同身受的「同理心」，先天設定好要跟別人深深相互連結在一起，這正是社會行為最基本的起始點（Iacoboni, 2009）。

為何要在此提到這種腦神經科學的研究呢？是因為我們的天性會不自主模仿他人，無意中受到他人情緒的感染。就像看到別人痛苦的表情時，我們的腦部關於痛苦的鏡像神經元就跟著活化，引發的效應就像我們自己經歷了痛苦經驗一樣。聽聞別人喪失親人（例如：子女）的痛楚，彷彿自己也經歷著這樣的內心撕裂，甚或是眼前開始浮現類似的場景：看見自己抱著罹難的子女痛哭失聲，畫面中子女的形象，正如同對方形容自己過世親人的死狀一樣。經過這種「虛擬與帶入」的過程，我們更加悲從中來，結果演變成安慰別人不成，自己也跟著對方的悲劇腳本，在腦中身歷其境演了一回，衍生出意想不到的負面影響——替代性創傷。

助人者的替代性創傷

在災難發生之後，往往有許多公部門的軍、警、消系統與民間善心人士，例如：宗教團體的志工、救難隊員、社工師、醫療人員等等的「助人者」進入災區，協助救災。然而，助人者在此過程之中，偶因聽聞到災難的經驗，或是在救災過程中身歷其境，而受到程度不一的波及。例如：面對整排的棺木、屍袋，需要去幫忙搬運屍體，目睹屍塊、忍受屍臭味，聽聞痛苦的哀嚎聲，充斥眼簾的倒塌屋瓦與斷垣殘壁等等震撼又令人深感無能為力、無助的場景。

因為災難往往事出突然，前往救災的人員多半倉促成軍，彼此之間原本不熟識而缺乏默契，但是時間緊迫而被逼著緊密合作，加上災難現場往往混亂又潛藏高度危險，但因背負眾人的期盼，再累也不能多休息，使得救災人員必須承受相當高度的壓力。最近開始陸陸續續有學者注意到助人者在助人歷程中是要付出代價的，他們稱之為「替代性創傷」，這是一種繃緊的狀態，感同身受且過度專注於受難災民，而引發的間接性創傷。（Palm et al. 2004）

助人者的「替代性創傷」可能會以多種不同的方式呈現出來，包括再度經驗創傷事件，或對任何引起該事件的狀況感到憂鬱、沮喪、焦慮、失望、挫折、情緒不穩，或會持續的重現對該事件的回憶，甚至會影響到助人者的信念，或是對生命的態度與看法產生衝擊。

眼尖的讀者可能已經發現到，所謂的助人者的「替代性創傷」的症狀，似乎與受災者的「創傷後壓力症候群」大同小異。可見助人者還是「人」，還是可能間接受到災難的撞擊，只是絕大部分不致釀成「疾患」。例如：在九二一救災的軍人之中，約有百分之五點五出現「創傷後壓力症候群」的症狀，並非百分之百（楊聰財，2000）。但也說明了，助人者也是「人」，也是需要照護與關懷的。這個議題事實上是不容忽視的。這也是我們撰寫此書最大的初衷。

需要注意的是，「替代性創傷」是相當因人而異的，即使經歷的是同一件事，每個人的反應都不一樣。再者，「替代性創傷」是累積性的，亦即經歷的時間愈長或與經歷的事件愈多，不會因此而習慣或是免疫，而是具有「累進效應」。另外，「替代性創傷」是全面性的，它會影響到助人者生活的各個面向，例如：情緒、人際關係、對世界的看法等等。（Clemans, 2004）

常見之替代性創傷的表現

先提醒讀者們，「替代性創傷」的影響是因人而異的，以下僅提供幾類常見的顯現方式。

一、**感覺脆弱：**聽聞多了災難故事之後會使人開始懷疑自己的安全，擔心起自己與所愛的人們是何等脆弱。例如：聽氣象報告說將有豪大雨就會擔心土石流；開車時隨時注意邊坡，擔心走山會被活埋；不敢讓小孩搭娃娃車，擔心娃娃車起火、翻覆、隨車老師忘記叫小孩下車而讓孩子被困在車內被烤死；不敢搭乘飛機或船隻等交通工具，怕會發生空難或是沈船事件。

二、**難以信任：**聽聞多了親友間的謀殺案件、縱火意外、闖民宅強盜搶劫……會讓人開始疑心自己的親友、擔心自己親密伴侶的不尋常舉動、擔心被跟蹤、獨處時擔心門戶安全等等。

三、**對世界的看法改變：**本來對於世界抱持正面態度與積極幫助他人的人，可能在與受創傷者的互動之後，吸收了過多的負面能量且無法化解，以至於改變了原先的正面觀點。此時，助人者可能會變得悲觀、憤世嫉俗、無助、質疑社會不公不義等等。這樣將導致助人者對他人的

同理心漸漸消失，甚至開始憎惡起受害者，並把自己孤立起來，拒絕再當個助人者了。（Clemans, 2004）

度人先度己

有人就說，醫生往往是最糟糕的病人。這箇中原委，或許是出自專業的傲慢，自以為是加自作聰明，適得其反的拉低了治療效果。當救災的志工菩薩們千萬不要落進這種陷阱，自詡為來救苦救難的，「不可能」生病，也「不許」自己生病，甚至「拒絕面對」自己的病況。

救災永遠不是任何一個人就可以的事情，猶如野柳海邊的海蝕石，絕非一個大浪所能成就，一定要靠億萬個浪頭方可雕塑而成。慈濟志業是靠千千萬萬的眾人以接力方式而成就的，其中有個人狀況不好先退下來，會立刻有人接手繼續完成下去。如果堅持哪一件事情非自己不可的話，可能就著了「虛妄」的魔了。慈濟的志業有師兄師姊可以替補，然而自己在家庭裡面的位置，有誰能替補？再想逞強，也應先為家人保重。

如果警覺到自己有狀況了，應該要停下來捫心自問：「我的狀況對嗎？」再找人商量一下，是否應該要做更積極的處理，例如：減少志願服務的時數、給自己更多的喘息時間與空間、經營些嗜好以轉移注意力、不要過度沉浸在災難的負面回憶中。如果這些努力都無效，已經明顯呈現疾病狀態，那就不要再撐了。因為即早發現，趁不嚴重時治療，效果最快最好。拖到病入膏肓，相當嚴重的狀態再來治療的話，效果就慢，而且拖得久，受苦更多。

助人者如何減少替代性創傷？

一、**自我察覺：**助人者需要有「自我省思」的時間。寫寫文章、整理影音記錄、與朋友或師兄姊討論，交換意見，有助於自我察覺到替代性創傷。

二、保持平衡：在助人的服務工作與個人的家庭生活之間，要保持健康的界限。個人可以培養些救苦救難（面對創傷）以外的興趣與嗜好，以轉移注意力，以免情緒深陷，難以自拔。例如：可以學習冥想、靜態活動或運動等等，以達到情緒的舒緩。

三、連結：擁有支持性的同伴或工作上的同儕，可助於降低孤立感，且可提供互相交流感受與經驗的機會。而且，與他人互動的過程也是增長對他人信任的重要途徑，避免胡思亂想，變得疑神疑鬼。（Clemans, 2004）

波及助人者家屬的無形壓力

人與人之間是一張彼此互聯，綿密交錯的網絡，沒有人是孤島，自然，受到災難影響的不只是災民、救災者而已，有時還包括救災者的

「家屬」。就像在慈濟體系裡，救災的緊要關頭，志工菩薩們往往一通電話就出發了。要是來不及跟家屬多說清楚；或是到了災難現場因基礎建設受損，通訊不佳，無法再連絡家人報平安；或是一頭就栽進去救災的事情之中，完全忘記要通知家人自己是否安好，這都會使家人牽腸掛肚，擔心不已。

如果聯絡不上，家屬只好看電視、聽廣播、上網路看新聞。因為缺乏直接的聯繫，家屬便容易因為看到災區又發生甚麼意外而驚恐不已，擔心是否是自己的家人出事了。沒有新聞家屬也會擔心，是不是完全中斷失聯，才會沒有消息呢？家屬看著電視畫面中的滾滾洪流、斷垣殘壁、鮮血淋漓、災民哀號哭泣的畫面不停地反覆重播，內心簡直是揪成一團，很難沒有負面的想像產生。

所以，當外出去幫助別人的時候，一定要先安家人的心。出發前儘量交代清楚去向，怎麼去、跟誰去、去做甚麼、帶了哪些資源去，到了當地則要用盡各種辦法跟家人報平安。如果當地通訊不佳，就委由要離開的前梯人員，到了可以通話的地方就幫忙打電話傳遞訊息。有時助人者自己也是災民，難免也會擔心自家的安危，維持溝通管道的暢通，可以大幅減低家屬與助人者無形的心理壓力。

災難相關心理症狀篩檢表

在此介紹適合參與救災的志工菩薩們的「心理症狀篩檢表」，在經歷過災難的磨練之後，評量看看自己的情緒狀態是否還健全，並可以檢視看看是否出現心理創傷的徵兆。

一、心情青紅燈——檢視你的憂鬱症狀

（以下每題分數計算方式，答無者－1分，答有者－2分）

最近一個月您是否持續以下的症狀「超過2週」？（請勾選）	無－1	有－2
1. 大部分時間心情不好、憂鬱。		
2. 幾乎每日疲累或失去活力。		
3. 幾乎每日覺得沒有價值感或有罪惡感。		
	總分	

二、創傷反應檢測

（以下每題分數計算方式，答無者－1分，答有者－2分）

最近一個月您是否持續下列症狀「超過1週」？（勾選）	無－1	有－ 2
1. 大部分時間無法快樂或對事失去興趣。		
2. 沒有看「XX災難相關報導」時，仍很難放鬆或感到不安全。		
3. 身處災難事件現場或看到媒體報導此災難事件時，會出現生理反應，例如：心悸、手抖、肌肉緊繃、冒汗等。		
4. 避免（或不想看到）引發傷害回憶的地方、活動、人物或報導。		
5. 盡最大的努力或強迫自己不去想這次的傷害。		
6. 常體驗到傷害發生的影像或情況，好像此事又再發生，並感到痛苦。		
7. 反覆夢見傷害的相關事件或主題。		
	總分	

結果分析

以上兩個表格請先各自算出總分之後，我們再來依照分數，核對一下分析結果：

一、心情青紅燈

參考分數	狀況	說明與建議
3	綠燈	恭喜您，您是一個快樂的人（全答沒有者）。
4	黃燈	您可能有一點壓力，但還好。請注意自己的生活壓力源，不要讓它再壓得您變壞了。
5-6	紅燈	是什麼因素，讓您快樂不起來？建議您前往就醫，相信經過醫療人員的評估與協助，可以讓您人生變回彩色（任何兩題答有者）。

二、創傷反應

參考分數	狀況	說明與建議
7	甲	真是太好了！您目前並沒有創傷反應。
8-9	乙	您過去是否曾經經歷或目睹重大創傷事件，而讓您有些創傷症狀？提醒您要多留意自我健康管理，必要時徵詢輔導人員意見。
10-12	丙	您所目睹或經歷的重大創傷事件，還讓您持續有創傷症狀，如果這些症狀揮之不去，或常常發生，建議您前往就醫（任何三題答有者）。
13-14	丁	現在的您常常飽受創傷之苦，建議您勇敢的走出來，跟身心科醫師談一談，只要您願意就醫，就有很大的機會免除或降低心理的痛苦。

資料出處：Chou et al. 2003

參考資料：

Rizzolatti G, Fogassi L, Gallese V. 2006. "Mirrors of the mind." *Sci Am* 295:54-61.

Iacoboni M. 2009.《天生愛學樣：發現鏡像神經元》，洪蘭譯，臺北，遠流出版社。

Palm KM, Polusny MA, Follette VM. 2004. "Vicarious traumatization: potential hazards and interventions for disaster and trauma workers." *Prehosp Disaster Med* 19:73-8.

楊聰財. 2000. 九二一集集大地震週年研討會. "Clemans S. 2004. Understanding vicarious traumatization: Strategies for Social Workers. " *Social Work Today* 4:13

Chou FH, Su TT, Ou-Yang WC, Chien IC, Lu MK, Chou P. 2003. *Aust NZ J Psychiatry* 37(1): 97-103.

第二章

助人者的自我評估

人格特質與適合位置

看到這裡，或許有志工開始想：「天下災難多，受災的有可能出現各種身心創傷，連去幫忙救災的也可能會！我當初只是想要做點好事，沒有想過得去救災現場，那樣的事情我恐怕也做不來，這樣的話，我還夠資格繼續當志工嗎？」

其實，上天造人個個不同，每個人都有天生的「氣質」，也有後天所形塑的部分，比例大約各半。所謂「氣質」是個人天生而來的「行為方式」，對於外來的刺激與內在身心變化的反應，每個人都有其獨特的反應模式。例如：雖是雙胞胎寶寶，哥哥肚子餓時是大哭大鬧，弟弟卻是低聲哭泣。所謂龍生九子，各個不同。氣質（個性）並沒有好壞之分，重要的是與環境合不合適。就像玉皇大帝會把各個龍子依照其個性與擅長之處，賦予不同的任務。能負重的贔屭，就去托石碑；好吃的饕餮，就盤旋在煮食的大鼎上。

當志工自然也要分析一下自己的「氣質」，依照自己的個性特質，選擇適合自己的服務方向。就像我所採訪到的大愛臺記者們，他們具有類似的人格特質，例如：使命感強、願意冒險犯難、使命必達的成就取向、願意在高度壓力下工作等等。相信他們在選擇從事新聞工作時，就清楚了解到自己的個性是適合的，也做了相當的心理準備，就像要：冒險犯難、目睹令人不舒服的場面、為了工作上的需要，必要時得忽略自身的需求（睡眠、飲食、忍受風雨、酷熱或是嚴寒）。擁有記者特質的人，從事新聞業務會如魚得水，被硬逼去當學者、做行政內勤業務、當圖書館員，恐怕對個人或是職場來講，反倒是場災難。

所以，並不是每個志工都得跑到災區前線勘災，因為後援補給、社區經營、募款各方面都需要有人貢獻，方能將力量源源不絕輸送到需要的地方。就像病患接受外科手術痊癒了，這並非主刀醫師一人的功勞，在醫師旁邊有協助手術的外科醫師、全程監控病患狀況的麻醉醫師、遞器械與數紗布的護士、運送用具的輸送人員、術前消毒與清洗器械的工作人員、開氣罐車輸送氧氣的司機等等，方能成就一件美事。如果人人都擠上手術臺，病人反而救不成了。

這不是說大家只要維持原狀，只挑自己能做的事情就好，因為光是如此無法達成「修行」、「精進」的宏願。我們的個性裡也包含著可以後天形塑的空間，能經過磨練使自己突破精進，做到自己以前做不到的。

例如：到醫院急診室做志工，因為常見到各類傷患，習慣了就比較不緊張，甚至遇到血肉模糊的狀況還能保持鎮定，進而練就協助醫護人員處理病患的功夫。花蓮區的吳師兄回憶起曾經參與的空難事件，慈濟人到達現場時，被分配到的工作是在封鎖線外的周邊協助收集屍塊，運送遺體等等。進行這類工作必須目睹到僅剩半截的軀體，甚至是軟軟的、一塊塊的殘骸。他憑藉著堅定的信仰、助人的善念、以及曾在醫院急診室擔任志工多年的經驗，才能夠承受這樣的心理衝擊。

雖然在醫院當志工是個修煉的好機會，不過吳師兄特別提醒要「嚴守分際」，談話勿論及醫療問題，以免造成治療上的困擾。關於這一點，醫師們都相當感恩醫院志工能夠配合。以往曾遇到熱心的志工們好心建議病患，不要再「依賴」藥物，要「靠自己」如何如何。這對一般託辭生病的人可能受用，但是對於已經沒有病識感的精神病患，反倒成了拒絕治療的擋箭牌，不肯配合治療而愈拖愈嚴重。還曾有病人感覺到被人指責，曲解意思為「生病是自己意念不堅的後果」，藥物是「懦弱的象徵」，為了要證明自己的意志力，就拒絕治療了。所以，志工們提供病患與家屬情緒上的支持是很好的，關於醫療上的建議與解釋，就請全權交給醫護人員吧！

安全守則與轉化良方

救災的基本安全守則

一位潘師兄回憶起以往經驗不足時，對於急難救助沒有完整的概念，不知災難現場的狀況與正常時相差甚遠。曾以為到災區的途中一定會遇到加油站，連油都沒有帶，差點讓車輛動彈不得了。後來這方面的經驗多了，也明白多跟軍方合作的優點。做多了之後，連工作的長官都認同，九二一地震發生之後，長官竟然主動給他公出，讓潘師兄去開救災會議。當時潘師兄也是一股熱忱，馬上籌措物資上車，在發車之際竟接到宗教處傳達證嚴上人不希望他們前往的提醒，因為災區周圍的慈濟人已經過去了，要花蓮的志工當預備後盾。

回想被阻止時，潘師兄當然覺得被澆一桶冷水，但是為了要聽上人的話，大家就乖乖不動了。後來想想，當時部分心態也出自好奇與想要湊熱鬧，其實並不十分妥當，才明白了上人請他們暫停的道理。

即使慈濟志工希望救災能夠衝第一，但上人還是堅持所有志工都要「注意安全」，希望志工們要先保護好自己。上人曾經提到：「慈濟人遍布每個地方，我當然掛心他們的安危，因為他們還得不顧生命出去勘災。大風大雨發生時，一般人都是躲在家裡比較安全，但是安全的人卻得到外面去勘災，這就讓我多增一層的擔憂。」、「大家的平安，就是我的平安。」所以，我們怎忍再增添上人的擔憂呢？救災一定要等路通了，才能進去。路還沒通之前，那是政府、軍方的承擔，由官方先去空投、修路、架橋，路通之後，民間的力量再進去比較恰當。

體諒災民的心情

發生災難時，對大家都是意外。尤其是災民處於家人下落不明時，內心焦急萬分，情緒相當緊繃與不穩定。所以，災民有時候情緒也會上來，吳師兄提醒各位志工菩薩一定要體諒他們，不要跟著對方心境浮動了。我們要自己調和心情，要想辦法心平氣和才是。

募款是募善心，促成善念的循環

一九九九年八月十七日，一場七點四級大地震襲擊了土耳其西北部地區，帶來了巨大的災難，超過一萬七千人死亡，受傷人數達到四萬四千人以上。災後，慈濟人在全臺灣各地發起街頭勸募，許多民眾不能理解，當面指責慈濟人：「為何拿臺灣的錢出去救國外，為什麼不先救臺灣人？」「為何把錢送出國，不留在臺灣？」民眾邊走邊罵，甚至走過去之後，還回頭繼續罵。

花蓮的吳師兄認為，我們能夠手心向下去幫助別人，是幸福，是福報。如果募款只為了救臺灣人，不就是詛咒臺灣災難連年？一個月之後，九二一大地震發生，全球愛心能量匯聚，都來救臺灣、捐款給臺灣，這正是因為過去臺灣曾對其他國家付出善行義舉。跨國救援救濟是在累積臺灣的福報，促進善的循環，讓整個世界都更美好。

曾有店家生意做得很大，但不論師兄師姊如何解說，連一個銅板都不願意捐助；甚至有人拿出一個五十元銅板，當著師兄師姊的面前丟在地上，說道：「要的話，自己去撿！」把募捐當成乞討，觀念實在偏差。

事實上，募款並非只為了募錢，而是趁有難之際，讓人人都可以發善心善念，募「心」為上。我們所擁有的一切都可能因地震、洪水、土石流等等天災人禍而在瞬間就化為烏有，有錢豈可憑恃？今天發善心去幫助別人，有朝一日當自己遇難時，別人也會發善心救助自己，這是比單純的有「錢」還更好的保障。

轉化良方

在災區當志工不僅是身體操勞的累，所花的「心力」更是累，偶而也會倦勤。但是，師兄姊總想著要繼續撐下去，撐到有人接手，「傳承」下去。所以，志工經驗的傳承相當重要，要多參加聚會，學習統合各種功能，做事更有效率。助人者之間要互相「祝福」，形成默契。例如：任務結束之後開「分享討論會」，是相當重要的，大家可以發表意見，交流彼此的感想，互相支持與提出改善方法，讓下次可以做得更好。至於如何轉化救災後的負面心境，也可以靠事後的分享，大家提出自己的經驗、感受、想法，互相回饋建議、激勵、支持，自然可以找回原有的平衡。

此外，鼓勵志工菩薩們持續閱讀上人的《衲履足跡》，或是收看大愛電視的「人間菩提」、「菩提心要」節目，接收上人針對災情的分析與智慧引導，獲得安定的力量。志工總是能在體會上人的智慧之後，將此帶到參與救災的軍中、航空公司……讓他人也能學習慈濟人救災的經驗，收到上人安定人心的智慧法語，增加危機處理的能力。

回想證嚴上人曾在空難事件發生後不久，行腳到現場，聚集志工，讓大家分享自己的經驗與心境，此舉就是對志工菩薩最好的心靈安定。加上慈濟這個大團體會互相支持，互相支援，即便是原本個性膽小害怕的志工，也會因為「道氣沛然」而勇往直前。

不求回報 不斷精進

制服很重要

在救災時，政府或各個機關也有出動人員，如果沒有制服，無法讓人一眼看出來，而缺乏提振人心的力量。制服讓「慈濟人」很容易彼此辨識，也容易被別人辨識出來，容易被看見，加上原有的形象，立刻就帶給人們安心與溫暖的感覺。所以，慈濟的制服在救災時是相當重要的！

平時多練基本功，動員一波接一波

慈濟人不是天縱英明、天賦異稟，無法因換穿上藍天白雲就得到神力加持，變身成聞聲救苦的菩薩。這種人間菩薩是需要「修行」基本功的，例如：家訪可以訓練接觸各類人們的應對能力，處理各種狀況的機智與彈性；當醫院志工可以讓人有基本照護知識與磨練膽量。這些能力都要靠平常鍛鍊，絕非一蹴可幾。承平時期，慈濟人就默默穿梭在各個角落，做著各項的志業，修煉各項助人的能力。

助人也要因個案的狀況不同，給予適當的協助。而要做到量身訂做的幫助，訪視是絕對必要的，唯有到現場才能評估出個案實際的需要，而給予受用的幫助。同時也要界定好那條「線」，像有些感恩戶的判斷力或自控力不好，可能遇到小事就會半夜傳簡訊或是打電話找師兄師姊求助，這種狀況已達到騷擾的程度，志工應該懂得拒絕。例如：家訪時遇到感恩戶向自己要電話時，只能留下慈濟基金會社服組辦公室的電話，讓專職的社工先行過濾事情的必要性，而非任對方予取予求。

一旦緊急狀況發生，慈濟人秉持「社區化」、「就地幫忙」、「就近支援」的原則，立刻理性的擬定賑災計畫，詳細規劃動員順序、安排留守、如何排班輪替，要怎樣調動人力……所以，慈濟志工是很有智慧的做事，總是有人在現場，卻非同一批人做到心力耗竭，無以為繼；而是輪番上陣，互相支援，輪流休息替補，很有彈性，也維持高效率，持續提供源源不絕的服務。所以，「共修」很重要，只靠自己做，很容易無以為繼，但是有慈濟志業體做後盾，大家彼此支持與依靠，就能產生持續推進的力量。

慈濟志工的中心思想——「不求回報，只求付出。心安最重要。」

這條道路並不是平坦的高速公路，當然也會遇到別人質疑的時候，吳師兄認為，志工的「中心思想」要很堅定才行。就像不論是災民或是救災的國軍，普遍對於素食反應比葷食來得好。因為災難現場免不了有罹難者或是牲畜的屍體，看過這些腐敗的軀骸，很多人根本不想再看見肉類，也嚥不下葷食。況且，救生靈的過程中，還要再殺生嗎？我們還是應該要堅持素食才是。

也曾有人質疑慈濟人不都在行善，地震來了，慈濟人的房子也垮；大水來了，慈濟人的房子也是淹，這哪有「保佑」到？這也是太過功利的自私想法。慈濟人做志工不是為了要求「保佑」的，而是為了要「付出」。災難來時，慈濟人也是會遇災的，這是因為「共業」。所以，做好事不是祈求自己在災難時能置身事外，而是要大家一起做好事，一起改善整體環境，消除共同的業障，免去災難。

做志工最怕沒有中心思想，沒有做好精神建設，一旦看見了人間的「苦」就生了「怕」，覺得自己無法承擔，就不敢繼續再做。發願做志工就要清楚了解自己所作所為，是為了要行菩薩道，要勇於承擔與付出，吳師兄一言以蔽之——「心寬念純」就對了！

不斷學習與精進

吳師兄在做志工時，如果遇到工作上需要的，即便是自己原本不懂的，例如：電腦、網路、數位攝影等等，都因工作需要而主動學習。不知不覺中，他就跟上時代了，做起志業也更加便利。像以前的各種資料都用紙本繕寫，資料保存不易，聯絡與訊息交換也頗麻煩。現在都已經改用電腦存檔，資料一找就有，馬上就能傳給對方。照片也不用底片，不需要花錢洗出來，影像都可以盡數保存。吳師兄認為：「做過的東西都要記錄下來，要拍照，把慈濟人的足跡都留下來。」

吳師兄的體會是，多參與救災之後，經驗會使能力提升。尤其，帶領者是相當重要的角色，是團體的動力所在。潘師兄也感受到這些年來做慈濟豐富了自己的人生歷練，雖然身體很累，但是內心很歡喜。例如：學到了做為領導者，不可以只動嘴巴，要身體力行做示範。就像活動現場，大家都很累了，晚上去休息時，他會半夜去洗廁所，將大家的手套清洗乾淨晾起來，讓大家早上起來可以享用乾淨的廁所，有乾淨的手套可以做事。這樣大家看在眼裡才會心生歡喜，彼此感恩。

第三章

出發前的準備

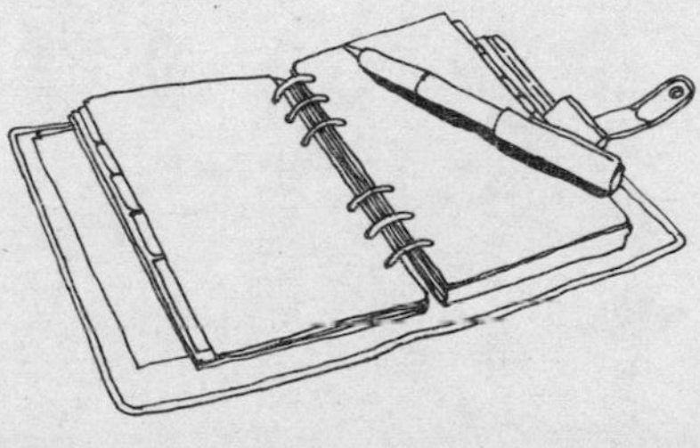

救援前的心理準備

以上篇章是志工師兄師姊的經驗談，分享些重要的感想。對於正在計畫加入「災難助人者」的志工菩薩們，可能也需要一份精確的參考列表，以建立更明確的概念。所以，以下提供了摘錄與部分改寫自《心理急救操作手冊第二版》的〈急難助人者的照護〉（陳淑惠、龔怡文、潘元健、劉于涵翻譯，2007年）。如果您有意願未來加入救災的行列，可以拿出一枝筆來，詳讀每個問題，如果能夠做到就勾選起來：

救援工作之前的個人考量

評估你的心理準備，是否能面對以下各種可能令你感覺不舒服的狀況：

□服務對象是經歷極大壓力與強烈反應的人，包括尖叫、歇斯底里的哭泣、憤怒或退縮。

□服務對象來自不同文化、種族、發展階段、和信仰背景。

□在無法確知暴露和傷害風險的環境中工作。

□需要在不是自己原本習慣的環境中工作。

□服務對象不願接受你的情緒支持。

□可能需要在混亂而無法預測狀況的環境中工作。

□接受一些可能乍看並非專業的工作（例如：遞水、送飯、擦地板）。

□與其他團體一起工作，通常彼此之間的行事互動風格有所不同。

□可能幾乎沒有人督導和管理運作，或相反的狀況，必須在控管甚嚴的狀態下工作。

救難不比一般的狀況，在災區服務必須承受更大的壓力。因為災難通常來得太突然、出乎意料，災民往往沒有任何準備，包括生活用物與心理準備。當人處在極不安全與倍受威脅的狀態之下，情緒反應也可能與平日溫和的表現截然不同，拒絕、激動言行等等，都可能出現。平常的例行發放，受贈者因有心理預期加上已有事前安排，大多會乖乖的排隊等待，領到物品時還會欣喜道謝，災民因為承受著相當大的身心壓力，可能無法如此平靜理性。

災區呈現一團混亂與服務場所因陋就簡是必然的，做事的方式也絕非按照平常的習慣就行。災區的文化與習慣可能與我們相差許多，我們要尊重被服務者的習慣，加上可能需要與來自各方的團體一起服務，所以不宜堅持自己習慣的作業模式，必要時得做諸多妥協。這時候往往不能挑工作，想做這個，不要做那個，因為所有工作只要是必要的，都是重要的。放不下身段，就是給自己設限了。那時，大家可能會忙到沒人能夠指導您、給予您即時的建議，可能需要自己主動去做，去摸索，即使是這樣的話，您能接受嗎？相反的，如果情況緊綳，例如：軍隊介入，高度控管整個局面，您可以接受並繼續服務嗎？

當地的衛生狀況可能因為公共建設被破壞殆盡，而無法維持良好的狀態，例如：用水、用電、交通都不方便，所以有爆發瘟疫、皮膚疾患等等的可能。屋瓦可能不穩，或隨時有餘震、爆炸，需要隨時留意自己的人身安全。不過一般說來，上人都會一再叮嚀志工們要注意安全，不希望志工在災區安全尚未大致穩定前去現場協助，慈濟志工主要承擔的是二線補給或是心靈膚慰，第一線救災工作，還是留給專業的救難團隊處理。

救災前的健康考量

評估自己身體和情緒的健康狀況，以及任何足以影響你在災難現場長時間工作的狀況，包括：

□近來所接受的手術與醫療措施（例如：剛做過膝關節置換、需要打胰島素控制血糖）。

□可能妨礙你工作的飲食限制（例如：服用降血糖藥後必須立刻用餐，不然會血糖過低）。

□能夠長期保持活力，並能忍受身體疲累。

□近來心理與情緒上的挑戰或問題（例如：剛搬家、換工作、小孩處於叛逆期、與配偶冷戰、心結未解……）。

□過去半年和一年間，所遇到生命中重大的轉變或失落（例如：家人過世、離婚)。

□如果需要的話,準備足夠你服務期間加上額外幾日使用的個人藥物。

□早年的失落或是其他負面的生活事件(例如:父母不告而別、曾寄人籬下生活)。

不成為「泥菩薩」的要項之一,就是要維持好自己的身心健康。剛動過大刀者以休養為要,勿逞強到最前線去。災區的物資極可能於匱乏狀態,能選擇的飲食不多,加上服務工作的時間不定,為了健康著想,有飲食限制的人宜退居二線。體力不佳也不宜往前衝,免得把自己累垮,多出一個人要照顧。

因為災難現前,看到眾生苦難,往往會勾出自己內心的陰影。如果過去的某些心結未解,可能看到類似的狀況就勾起負面回憶,而情緒崩潰。例如：父親前些年因病過世，內心仍隱隱作痛，看到災民中有人的父親罹難，悲痛欲絕，自己也跟著悲從中來，哭泣到無法收拾。或是自己正處於婚姻破裂的邊緣，又不願與他人訴說，遇到不知自己狀況的人一直丟工作下來，壓力破表，可能會突然情緒失控。所以，最好先把自己的問題處理妥善，抗壓力上升之後，才去挑戰高壓的急難現場任務，以免變成被最後一根稻草壓扁的駱駝。

救災前的個人考量

家庭考量

評估家人對於你在災難現場從事志工的因應能力：

□你的家人是否有心理準備，你可能有好幾天或好幾週不在家？

□你的家人是否有心理準備，你會在受傷風險或受傷暴露不完全確知的環境中工作？

□你的支持系統（家人／朋友）是否能在你離家或是長時間工作時，承擔某些家中的責任和義務？

□你是否有任何未解決的家人或關係問題，可能影響你專注投入災難相關的工作？

□當救災服務結束後，你是否有一個穩固支持的環境可以返回？

前一章裡面有提到波及家屬的無形壓力，也是助人者必須要注意的。上人有交代過，我們應該先安好家，再出來做志業。可別顧著幫別人，卻讓家人怨懟或是擔心不已。您已經做好外出救災的心理準備，然而，家人可有相同的心理準備？一定要先讓家人了解這件事情的意義，再能說服他們支持您的決定。當您不在家時，有為家人準備周全了嗎？例如：經濟、居家安全、緊急聯絡……讓他們可以安心等待您的歸來嗎？如果家中尚有幼兒，可能動員長輩前來協助照顧，使您的配偶不致過勞或壓力過大嗎？家人能接受您去災區可能有掛彩的風險？他們能承擔的擔心程度為何？需不需要天天報平安？如果，家人正重病臥床，您是不宜出這趟遠門的，應該把機會讓給別人。以免萬一家人的病況出現變化，您又在短時間趕不回來，家人焦急您也心慌。如果原本的家庭結構就有問題，遇到外出救災返家時的身心俱疲，支持度不高的狀況，反倒使原本可以維持某種平衡的人崩潰，像這種狀況也不宜輕言遠行。

工作考量

評估抽出時間在災難現場從事志工對你工作的影響：

□你的老闆支持你對此事的興趣和參與嗎？

□你的老闆允許你從工作中暫時抽身去做此事嗎？

□你的老闆要求你利用假期或「留職停薪」的方式進行災難志工嗎？

□你的工作是否有足夠彈性，讓你能在聯繫後二十四到四十八小時內回應救災的任務指派呢？

□你的同事是否支持你離開工作崗位，並且在你返回後提供一個支持的環境嗎？

工作是個人非常重要的經濟來源，即使不想為五斗米折腰，也要為家人的生計著想。在做志工耕耘福田之際，也不要忘卻俗世的正職。此時，老闆支不支持，同事諒不諒解，您的工作彈性高不高，就很重要了。一定要先做好評估，各方面都允許的狀況之下才前往，以免萬一身心俱疲時還遭受到工作問題的打擊，可是會雪上加霜的。

個人、家庭、以及工作的生涯規劃

如果你決定要參與災難現場的工作，請花時間將以下的事項安頓好：

□家庭與其他家務上的責任。
□社區活動的責任。
□照顧寵物的責任。
□其他的責任和掛念的事務。
□工作上的責任。

請先安頓好自己俗世的任務，例如；身為爸爸、丈夫、兒子、中階主管、兩隻小狗的主人、社區管理委員會會長、村里幹事……這些在救災時都必須暫時拋開的身分，以及這些身分背後代表的責任，是否都安頓好了？都差不多之後，就可以投入賑災的行列了。

能有機會付出的人就是最有福報的人。所以，當家人與主管都支持您去當志工時，一定要好好把握因緣，幫助苦難眾生，讓世界充滿愛的循環。

第四章

救援中與救援後

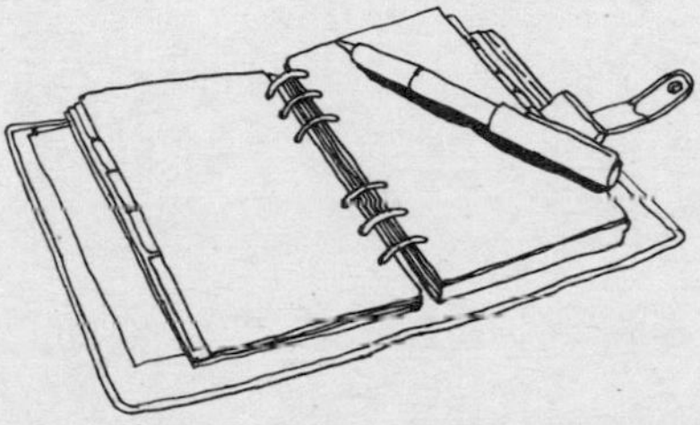

救援中的壓力反應

在提供急難救助時，有些事是很重要的，包括辨識災民與自己的壓力反應、瞭解慈濟大家庭可以如何幫助您減少壓力、以及您如何在服務工作中妥善照顧自己。

常見的壓力反應

助人者可能經歷許多壓力反應，常見於為災難倖存者提供服務後，以下是常見的壓力造成的身心症狀：

□活動程度增加（忙碌狀的躁動）或減少（呆坐不動、躺床）。

□替代性創傷，以驚嚇、害怕、驚恐與無助呈現。

□失眠、睡眠障礙。

□困惑、無法集中注意力、猶豫不決。
□使用酒精、藥物、抽菸、嚼食檳榔。
□生理反應（頭痛、胃痛、易受驚嚇）。
□呈現麻木狀。
□憂鬱（心情低落）或焦慮（不安煩躁）症狀。
□焦躁、憤怒、挫敗感。
□社會活動減少（人際退縮）。

當人處於高度壓力之下，常不自覺的出現與平常不同的表現。可能會因為慌亂而瞎忙，甚至因為太驚嚇了而呈現呆僵的狀態；或總是看到負面的景象；或心情會低落與煩躁不安，身體也是到處拉警報。為了消弭不安與提振精神，人常會藉由飲酒、使用藥物、嚼食檳榔等方式紓壓。若是平常不使用這些的人，突然使用的話，就是一個非常明顯的壓力警訊。而平常就有飲酒、使用藥物、嚼食檳榔習慣的人，使用量突然變大也是警訊之一。

極端的壓力反應

助人者可能經歷更嚴重的壓力反應，需要尋求專業協助或由督導者監控。這些嚴重的反應包括：

□同情心壓力——無助、困惑、孤立。
□不必要的冒險。
□同情心疲乏——道德頹喪、疏離、屈從。
□人際關係的嚴重困難，包含家庭暴力。
□過於沉溺，或強迫自己直接或間接地回憶創傷經驗。
□依賴物質（菸、酒、藥物）。
□對工作過於投入。

□睡眠習慣的劇烈改變（拒絕睡眠或不願起床）來逃避感覺。

□在個人或工作上過度掌控。

□伴隨無望的憂鬱（可能置個人於較高的自殺風險中）。

□退縮和孤立。

如果已經出現上述的極端壓力反應時，就應該立刻暫停志工服務，先諮詢資深志工的意見。如果有需要，請不要排斥到醫院由專家進行評估與協助。

在經歷重大壓力之後，人的情緒調節中樞可能負荷過重而暫時崩潰，就像家中用電激增時，保險絲會燒斷而暫時跳電。這時的解決之道，絕對不是去找一根更粗的保險絲換上，而是要去找出過度耗電的根本原因。不然，下一次恐怕不是跳電，而是直接發生火災了！

人遇到壓力過重而出現疲乏之現象，甚至影響到理性判斷的能力，言行舉止與平常差異太多，有時已經開始以不良習慣（菸、酒、安眠藥物）來舒緩高張的情緒時，就像房屋「跳電」一樣，一定要坦然面對、謹慎處理，以免出現憾事。唯有正視自我壓力程度，適時調整步伐，才能長長久久地在菩薩大道上，賑濟蒼生，膚慰心靈。

救援中的心靈照護

組織對照護者的幫助

召募助人者的組織可以適當提供支持和策略，來減低極端壓力的風險，包括：

- □限制輪班工作的次數，避免工作超過十二小時，並鼓勵休息。
- □讓助人者可以從暴露程度最高的任務輪換到暴露程度較低的任務。
- □強制休假。
- □確認各種層級都有足夠的人力，包括行政、指導及支援。
- □鼓勵同儕夥伴與同儕諮詢。

□監控符合某些高風險指標的助人者，像是：
一、災難倖存者。
二、固定接觸受嚴重影響的個人／社區者。
三、原先就有狀況者。
四、有多重壓力者、包括那些在短時間內接觸多重災害的人。
□建立督導、個案研討、以及工作人員的範例案件。
□進行壓力管理演練的訓練。

在這方面，慈濟志工菩薩們已經有良好的工作準則，以輪番上陣來避免個人過勞。平常在社區就有固定的聯繫與活動，志工們就已經培養出相當的默契，很容易發覺誰變得不太對勁，而會多關心。有同伴的護持，可以減少單打獨鬥的孤獨與無力感；當有疑惑時，透過與同輩、資深前輩的經驗分享，可以立即讓人解惑，不會把「正常的狀況當成不正常」（例如：過度苛責自己做得不夠），或是把「不正常的狀況當成正常」（例如：已經出現極端壓力反應還以為是正常的，而沒有重視）。所以，「行前會議」與工作結束後的「分享」，都是相當重要的「支持性心理治療」。為了避免部分的志工壓力過大，工作分配上也要平均，輪流擔任不同的職務。另外，師兄、師姊也會依照經驗，在必要時，強制狀況不對勁的成員先暫停，這是很重要的保護機制，勿認為是在阻擋行善。

助人者的自我照顧

能夠幫助自我照顧的活動包括：

□管理個人資源。

□做好家庭／家園安全的計畫、包括照顧孩子和照顧寵物的計畫。

□攝取足夠的營養、進行足夠的運動和充分的休閒。

□定期採用壓力管理方式，包括：

一、定期尋求督導，分享擔憂、確認出個人的艱困生命經驗、並且擬定解決問題的策略。

二、在工作天當中實施簡短的放鬆技巧。

三、使用「夥伴系統」分享困擾的情緒反應。

四、對於個人「限制」和「需要」保持覺察。

五、辨識何時感到飢餓、憤怒、孤單和疲倦，採取適當的自我照顧行動。

六、增加正向的活動。

七、從事宗教信仰、哲學思考、以及靈性的默想。

八、花時間和家人、朋友相處。

九、學習如何「將壓力放下」。

十、寫作、素描、繪畫、園藝等

十一、限制咖啡因等刺激性物質使用。

□試著有彈性、有耐心且包容。

□接受你不能改變所有一切。

我們要清楚自己的狀態，才能進一步去談幫助別人。個人的狀態包括：經濟、家庭、健康、休閒等等，最好都能處於平衡之下，助人的志業才能無後顧之憂。「確認出個人的艱困生命經驗、並且擬定解決問題的策略」是指，如果個人有心結未解，就像習武之人有「罩門」，出外賑災見到各式狀況，難保不會正中自己的要害而倒地不起。例如：對於酗酒又家暴的父親難以諒解，對人也從不提及此事，萬一遇到要協助的人在遭遇變故之後借酒澆愁，說著醉話又揮開他人的手……一時之間，眼前的景象與兒時不堪的回憶交疊在一起，或許會勾出壓抑已久的情緒，而大哭、責罵、甚或出拳教訓對方。所以，要助人之前宜將自己的生命歷程淘洗一番，與可信任的親友、志工前輩討論，如何去面對，以及「如何放下」。

我們雖然都想學佛，也正在學佛，但在未成佛之前，也還只是凡人。凡人肉身還是有其「限制」（無法一天二十四小時，全年無休地工作）與「需要」（營養、休息、感情、休閒等）。有些人認為「人定勝天」，只要靠「意志力」一定無所不能，而把自己先給「操死了」。其實，工作不只需要「力」，更需要「智慧」。適時的輕鬆與休閒，可以滋潤人心，還可以恢復思考的彈性，做事會更有智慧的。所以，千萬不要一味的「愛拚才會贏」，壓榨身心，依靠藥物來提神、彌補，那是炒短線的作法。而且，福田一定要「接力」耕種，不可以獨占掉所有的表現機會。

有時狀況是人再怎麼努力也無法改變的，例如：災民家中的重要經濟支柱就往生了、房舍全毀了、肢體受損了……此時接受並想辦法調適，比鑽牛角尖想要扭轉一切實在多了。另外，志工曾在採訪中談到，並不是我們想要幫助的對象就能夠幫得到。對方要與我們有緣，才能救得到。像有些沒有緣的人們，他們寧可繼續受苦難也沒有意願接受幫助，例如某些國家，自己拒他人於千里之外；也有些像「心」出了問題（例如：精神疾病、心病），不管別人怎樣幫，永遠都嫌不夠。遇到這種狀況，我們心裡要明白緣故，不要因此灰心了。

助人者應該「避免」從事：

□長期欠缺同伴的單獨工作。

□長時間工作，很少休息。

□強化不適任感和無能感的「負面自我對話」。

□以過量的食物與物質／藥物做為支持。

□妨礙自我照護的常見態度：

一、「花時間休息是很自私的」。
二、「其他人都超時工作，我也該如此」。
三、「災民的需要比我自己的需要更重要」。
四、「唯有一直工作，我才能有最大的貢獻」。
五、「只有我能做某些事情」（別人做不到，非得我去不可）。

慈濟的體系是以「社區」為基礎，以組、隊為單位而集體行動，其優點就是可以互相支援，讓人不致落單，或是承受過多的任務。過高的自我期許以及「捨我其誰」的英雄主義，反倒是對團體以及個人的「無形災難」。只有自己行，總是自己獨攬大局，那別人就沒有發揮的餘地了。過度壓榨自己，做不到超人的表現就認定自己不好、自責，也是一種「無明」。在助人的同時，也一定要顧好自己，以免變成「泥菩薩」而不自知。

救援後的心靈照顧

在救援工作之後，預期回家後會有一段調適期，你可能暫時需將個人「重新融入」家庭、職場、社區當成首要任務。

組織對助人者的照顧

□鼓勵經歷個人創傷或傷痛的助人者休假。
□進行任務後會談，幫助助人者整理經驗，包括提供如何和家人溝通自己工作的資訊。
□鼓勵助人者在有需要時接受諮商，提供轉介資訊。
□提供壓力管理的教育。
□促進助人者可以互相聯絡的方式，包括建立聯絡網，分享聯絡方式，或安排聚會通知。

救災初期需要調適，任務結束回家後也是需要調適的。這時應該把「重新融入」當成首要任務，而不要繼續把心掛在遠方，那邊自然有別人接手的。出過救災任務的志工，應該要休息一段時間，不要立即往下一個災區跑，以免壓力累積過量。前一段不在家的期間，家人與您的生活相差甚大，需要藉由溝通來了解彼此這段時間是怎樣生活的。家人沒有在現場，自然不明白災區當時的狀況，切勿因此而懊惱，甚至生氣。就像他們在您不在家時，也需要獨自面對問題，那種壓力也是在外地的您所不知道的。經由充分的溝通，瞭解而進一步互相支持，家人才能夠支持您下一次的離家出任務。消化與轉化在災區的負面經驗，有時光靠自己是不夠的。您可以藉由已經「默契十足」的志工聚會幫助自己，分享自己受到的衝擊、返家後的適應問題、工作上的銜接問題，彼此再提供意見回饋，進而達到「團體心理治療」的效果。

助人者的自我照顧

盡力做到：

□和其他志工聯絡討論救援工作。
□增加志工之間的支持。
□安排假期或逐漸融進常規生活。
□對自己的世界觀可能改變做好心理準備，而且，周遭他人可能無法與您產生相同的共鳴。
□如果極端壓力持續超過二到三週，立即尋求正式協助。
□增加休閒活動、壓力管理與運動。
□多加注意健康和營養。
□多加注意經營親密的人際關係。

□維持良好的睡眠作息。
□空出時間獨處，自我反思。
□學習接受別人施予的照顧、關懷、甚至是物品。
□找尋能讓自己享受和開心的事物。
□有時試著不當「掌控局面的人」或是「助人專家」。
□增加一些對自己靈性和哲理上有幫助的經驗。
□接受重複出現的想法和夢境，不必過度擔憂，因為它們會隨著時間漸漸減少。
□養成寫日記的習慣，此舉可以舒緩心中的憂煩。
□如果返家之後覺得易怒、調適困難，請尋求親職教養的協助，以免因此造成親子關係惡化。

盡力避免：

□大量使用酒精、禁藥，或是過量的處方用藥。

□至少一個月內避免做出「重大人生改變」，以免壓力過度集中。

□否定自己對救援工作的貢獻。

□擔憂重新適應的問題。

□良好自我照護的妨礙：

一、過於忙碌。

二、將幫助別人看得比照顧自己重要。

三、不願與人談論救援工作。

從救援工作回來之後，是需要多休養生息的。需要多方的情緒支援，藉由同伴間的交流與關懷，即使有負面經驗也可以逐漸轉化掉。此時不宜繼續忙碌，壓抑，不去面對，以為忙到忘掉就沒有事情了，其實沒有處理的負面經驗會轉化成「痛點」，哪一天不小心碰到就令人痛徹心扉。為免除自己沒有愈做愈快活，反倒新舊傷痕累累，應該在每一次出勤回來之後就靜下心來，好好處理與面對，轉成正向經驗。

屏除專業才能有更大的空間

這是受訪師兄給我這個精神科專業人員的建議，的確是當頭棒喝。墨守「專業」，就會劃定該做甚麼又不做甚麼，要怎麼做，不怎麼做……我從來只有想要看「病」，認為當醫生就是好好看病，看清楚是不是病，需不需要醫治。行醫有餘力，就去做醫學研究。要不是此一因緣際會，我從未想過要寫一本書，而且是幫慈濟人寫的書。

開始寫這本書之際，本想貢獻專業，提供些資訊給慈濟人，沒想到竟是我受益最多，被慈濟師兄姊教導了很多很多。不侷限在精神科專業，反倒學得更多人生智慧。就像吳師兄說，上人是很有科學依據，因為知道了「很多人是因病而貧，救貧就需提供醫療」，因此才建立了慈濟醫院。明瞭此點，身為慈濟醫院的一分子，工作的意義就大不相同。

所以，來自各行各業的您，或許在您的領域上您是專家，已經沒有人可以給您建言了；然而，透過志工服務與不同領域的人接觸，共同行善，會因此接觸到人生的各種層面、知識、智慧，增長慧命。

參考資料：

陳淑惠、龔怡文、潘元健、劉于涵，2007，《心理急救操作手冊第二版（譯）》。臺大心理系，臺北。〔譯自National Child Traumatic Stress Network and National Center for PTSD, *Psychological First Aid: Field Operations Guide*, 2nd Edition. July, 2006.〕。

如有興趣閱讀更完整的資料，請上網查閱網址：http://66.104.246.25/UCLA/PFA_2nd_ed_chinese.pdf

第五章

求助專業醫療

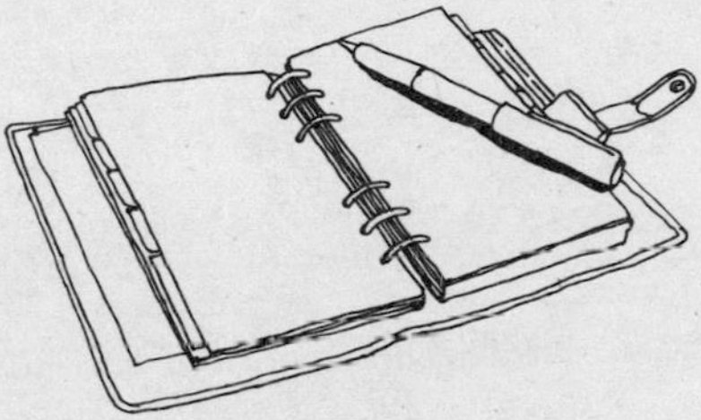

焦慮憂鬱失眠

焦慮症狀

一般而言，焦慮就是「心不安定」，煩躁、不安、總覺得難以平靜，仔細想常說不出來是在擔心甚麼。除了心理上的慌亂感覺之外，身體上也會出現很多緊張表現，例如：顫抖、肌肉緊繃、心悸、胸悶、冒冷汗、口乾、頭暈、手腳發麻等等。

有時候身體上的狀況，反過頭來使人更加的不安，甚至會以為自己的身體出了問題，舉例來說，有的人怕心悸是心臟病發的前兆，擔心到跑醫院做心電圖、心臟超音波……之類的檢查；手腳發麻就擔心自己快要中風了，要求醫師一定要做電腦斷層檢查，等結果報告出來為「正常」時，還是無法安心，進一步擔心起「這是甚麼病啊？連檢查都查不出來！說不定很嚴重……」

基本上，身、心是相連的，心理上的「煩躁」通常伴隨著身體的「拉警報」，如果心能定下來，有時身體警報就自然解除。尤其是經過災難事件之後，餘悸猶存之下，人往往會呈現過度緊張、擔心與不安。因為交感神經被激化到難以在短時間內平復，副交感神經的抗衡力道太弱，致使連睡眠都無法自然發生，「失眠」就產生了。睡不著的時候，胡思亂想的程度常常是最嚴重的，思緒有如千百隻果蠅盤旋飛舞，看著時鐘發現夜愈來愈深，甚至要天亮了，而更加的擔心再不睡就怎麼能應付明天……愈想心理壓力愈大，身體更緊張，變得更睡不著了。

憂鬱症狀

很多人疑惑「憂鬱」跟「焦慮」有甚麼差別？簡單來講，焦慮就是心煩、不安，憂鬱就是心情低落。兩種情緒在本質上是不同的。然而，臨床上我們常見到這兩者「出雙入對」。例如：煩久了，會感覺到疲倦、無力、情緒很差，活著很受罪，跑出憂鬱來了。另一方面，長期的心情低落，提不起勁，活著沒啥指望，不知何時才可以解脫，就讓人感到心煩意亂，跑出焦慮來了。到了後來，經常搞不清楚是先有雞還是先有蛋，是先焦慮後憂鬱，還是先憂鬱而後焦慮。

有人說「憂鬱是導因於失落」，所以，失去了在乎的人、事、物之後，都有可能產生憂鬱。就像失戀、失婚、失業、被倒了大筆金錢……應該很少人會不感到失落與沮喪的。遇到嚴重的災難，可能奪去了心愛的家人、畢生積蓄、省吃儉用才購置的住宅、車輛，甚至是自己身體的完整度（無法消除的傷疤、截肢），怎會不憂鬱呢？

典型憂鬱的表現是：明顯可見的身、心同步遲滯，看起來快要「沒電」的樣子。病人往往說話慢，用字少，反應也變慢，有時短路到對於他人的問話無法理解，呈現恍神狀態。即使有意願與人溝通，但是說話就是力不從心，顯得有氣無力，氣若游絲。

有時病人會否認自己的情緒低落，因為根本連「情緒」都沒有了，到了「麻木」、「空虛」，有時連「感覺」的能力都消失了，即使發生了好事，病人都無法感受到「喜悅」的情緒。因為再也體會不到樂趣，即使是以前喜歡的事，好比逛街購物、看電影、組裝模型……病人都顯得興趣缺缺的模樣。往往，病人失去興趣的也包括「食物」，以往喜歡吃的東西，覺得不再美味了。這是因為憂鬱病患的嗅覺、味覺會變得遲鈍，甚至消失。舉個例子說明，大家常見到餐廳的展示櫥窗內擺設了蠟做的餐點模型，以招攬客人。對病人而言，食物就像蠟製模型一般，看起來一模一樣，但是聞不到香味，吃不出味道，吃飯的確可以用「味同嚼蠟」來形容。

不過，憂鬱症的病人並非不會餓，他們還是會感覺到飢餓，但是因為無法享受到吃飯的樂趣，寧可就繼續餓下去。有時，強迫自己去吃或是被他人逼著吃，也是一看到食物就反胃、「光看就飽了」（不是真的吃飽，而是倍覺壓力）、噁心感，沒有動幾下筷子就擱著不吃，所以也常伴隨著體重下降。有少數的病患反過來狂吃猛喝，但是，絕非因為飢餓或真的想吃，而是以進食來紓發情緒。所以，並非還會吃會喝就沒有問題，核心問題還是心情低落。

除了吃飯之外，睡覺也是人的本能。然而，憂鬱症也常損害病人自然睡眠的能力，使得病人常常「眾人皆睡我獨醒」，好不容易睡著卻突然醒來，輾轉反側難以再度入睡，此時也往往是心情最糟糕的時刻。晚上睡不飽，次日精神也差，有時旁人會看到病人鎮日臥床，就誤認他們愛睡覺，不可能失眠。其實病人並非嗜睡，而是沒力氣爬起來。再加上提不起勁去做任何事，起床也無意義，通常病人並沒有真的睡著，就只是賴在床上而已。

病人也會感覺到自己的能量彷彿被抽乾了，感到異常疲憊且沒有體力。即使在外人的眼中，成天臥床早該睡飽有力氣了，憂鬱症患者就像不管如何充電就是處在低電位狀態的報廢電池，像個遊魂一樣的行屍走肉。因為缺乏心力，所以病患的注意力難以集中，想事情需要想很久，猶豫不決。腦中常常一片空白，即使有思緒，多半也都是負面思想，繞來繞去都是想到不好的，甚至會覺得自己很沒有價值，千錯萬錯都是自己的錯，自己是千古罪人，走偏鋒時甚至會想走絕路，不要再拖累家人了。

不過，臨床上焦慮症或是憂鬱症的病人，首次就醫的陳述是懷疑自己得了「躁鬱症」。躁鬱症又稱為雙極性精神疾患，亦即病患雖然有時呈現憂鬱症，有時發作的是「躁症」，症狀是：情緒高昂、欣快、充滿活力、計畫一堆、不太需要睡眠……通常病患會立刻否認，因為心情根本沒有好過！如果再繼續問道：「那是不是有時很煩『躁』，有時又很

『鬱』悶呢？」病患多半是點頭如搗蒜。看到這裡的讀者恐怕內心已經有譜了，這是焦慮加憂鬱的症狀啊！

失眠症狀

不論是焦慮或憂鬱，其共通點都是睡眠不好。所以，睡眠可以做為精神疾患的指標。一般來說，焦慮症是煩到睡不著，如果心情能夠平靜下來，會比較好睡。憂鬱症的人入睡多半還可以睡著，但是即使睡著也是很淺眠、容易驚醒、睡眠片片段段、早醒。如果本來睡眠好的人，後來出現了長期的失眠，就必須要多留意是否是導因自焦慮或憂鬱症，此外，因為內外科疾病或是藥物也常是失眠的原因，也要列入考慮。

專業精神醫療

高自殺風險者要儘早送醫治

不管是哪種精神疾病，幾乎都不會致命的。但是，憂鬱症本身是不會致命的，卻會讓病人自己結束自己的性命，潛在的危險性很高。常有人說「會嚷嚷著想不開的人，反倒不會自殺」，事實上並非如此。很多人在尋死之前會發出訊號，但是旁人沒有加以理會，頂多叫他看開一點，不要鑽牛角尖……在求援無路之下，後來就自殺身亡了。自殺只是一念之間，可能一個絕望的念頭慫恿又沒有人阻止的當下，憾事就可能發生。長期憂鬱會削減當事人的心理強度，難以用理智去對抗一了百了的衝動，所以，憂鬱的人的自殺危險性相當高，不宜等閒視之。

有人會認為，不應詢問憂鬱的人有關自殺的想法，以免提醒病人去做傻事。其實，憂鬱的人想不想尋短，自己內心都有譜，不是旁人不說，就不會想到。有時在關心之餘，直接了當詢問到有否自殺的念頭，讓他可以坦然的說出來，或許還讓人感覺輕鬆多了。如果他的狀況真的不盡理想，並非關懷、經濟支援……就可以奏效的，常常當事人也有自知之明，他並不真的想死，但是就是無法逃離情緒低落與絕望的幽谷，深怕自己控制不了自己的行為……此時就應該積極建議他接受醫療專業的評估，如果已經嚴重到達需要治療，送醫治療確實能縮短病患的受苦期。

精神醫療如何幫助傷患

社會上很多人認為精神疾病是可恥的，得這種病就代表病人是喪失理智、瘋瘋癲癲、自己想不開、心態懦弱、人格脆弱……總是負面的標籤化病人。去精神科是很丟臉的，去住院簡直天打雷劈，永世不得超生，病人與家屬往往都三緘其口，甚至要求不要留下精神科的病歷。有人還會傷口上灑鹽，以那是前世造孽，所以如何如何，對病患與家屬造成二度傷害。真的有神通的人根本不會說出來，以免惡業纏上自己，而說這種閒話的人往往沒有神通，信口開河，難道不怕造業？

我們的肉體畢竟是「色身」，成、住、壞、空，無法倖免於損壞（生病）與死亡，這原則是每個器官都一樣的。經過近年來突飛猛進的「腦科學」研究，愈來愈將精神疾病的病因指向「生物因素」，亦即是「腦部」出了狀況、生病了，病人並不需要為「疾病」負責。就像糖尿病是胰臟出問題，無法分泌足夠的胰島素，甚至是每個細胞出現對糖分的阻抗，以至於血糖居高不下，病患需要為此感到羞恥嗎？除了飲食不節制的肥胖間接導致的糖尿病，病患也不需對罹患糖尿病負責的。人不能控制自己的胰臟不出問題，同樣的，無法控制自己的腦子不出問題。

有人認為，我們可以修練自己的「心」啊！「心」不就是腦嗎？事實上，「心」（理智、情感、意念）是透過腦部運作產生的，要是腦部自己就出問題了，「心」往往無能為力。就像厲害的軟體能夠使電腦的運作更有效率，甚至可以自己修補程式漏洞，但是如果電腦受到銹蝕而使電晶片與主機板線路接觸不良，再厲害的軟體只要需要用到受損晶片之處，就可能會出現雜訊，甚或是「當機」，並無法跳出來修補硬體的損壞。

所幸，醫學進步之下，陸陸續續研發出各種精神疾病的治療藥物。說到徹底治療，也就是痊癒，目前還做不到，但是，有很高的機會可以消除症狀。就像糖尿病的治療，現今也還沒有達到換一個健康的胰臟給病人，或是用了哪種藥就可以使受損的胰臟恢復健康正常的狀態，病人唯有透過藥物或是針劑，間接控制了血糖，達到幾近胰臟正常的狀態下的生活。精神科的治療也是如此，神經傳導物質過多，就用藥壓抑一下；過少的話，就補充一點。加加減減，讓人可以維持正常的生活。

我們的腦部無時無刻不在應付壓力洪流，像是壓力的防水閘門。天生結構（個性）堅強的人，閘門就高一點，經過內心的修練，閘門又可以再增高一點，甚至還可以挖出「疏洪道」，更加的抗壓了。如果，天生結構較脆弱，或是洪水來得太快、太多、衝擊力道過強，或是接二連三的打擊，有時再強的閘門都承受不了而崩潰。承平世代，壓力宛如小橋流水，大部分的人都能過得不錯。但是，災難降臨就如同洪水，部分人就可能應聲而倒，這類的人就是我們在救災時要注意的的高危險群。有必要的時候，應該協助送醫治療。

除非病況危急性命或是已經企圖自殺，一般就醫應先到門診給醫師做詳細的問診與評估，不必衝到急診。如果尚可在家治療的話，會開立藥物讓病患帶回家服用，定期返診評估、調整藥物即可。

要是病況嚴重或是有高度自殺的危險，醫師才會建議病患住院。

住院有幾項好處：透過門禁管制與安全檢查，減少危險物品與前往危險處所，可以有效保護病患的人身安全。等到病況好轉，自殺危險降低之後，病患就可以安全出院了。另外，住院中透過護理人員全天候的觀察，醫師可以每天在查房後進行必要的藥物調整，在減少副作用與更換藥物上，是比較有效率的，不需像門診一樣得等到下一次回診。

在藥物方面，憂鬱症狀可以開立抗憂鬱劑，焦慮方面則有解焦慮劑、鎮靜劑等等。如果出現幻覺、不合理的思考（妄想）時，則可考慮抗精神病藥物。以上所有藥物類別都有多種，甚至到十幾種的藥物可供選擇、更換。有時是講求療效，有時需要避免難以忍受的副作用，醫師會隨著病患的反應對藥物進行調整，直到量身的訂做出合適病患的藥方，有效又少副作用時，就帶藥回家治療，門診繼續追蹤即可。

有病人認為自己一旦得了精神疾病，就終身是精神病患，要吃一輩子的藥，這是不太正確的觀念。因為精神疾病有很多類別，每一種都不一樣，無法這樣一言以蔽之，應該跟醫師詳細討論才是。

另外，即使是同一種病名，每個人的病況都不太一樣，演變也不見得一樣，不能說別人怎樣，自己就會怎樣。最後，人的狀態是「動」的、不斷改變的，過去、此時、未來，都不見得一樣。所以，用藥也需要跟著調整，就像沒有一件衣服可以穿一輩子，自然也沒有哪一帖「神奇藥方」是適用終身的。

當病況好轉，身體不需要那麼多的藥物來輔助，就可以減藥了，當狀況完全變成過去式時，還可以停藥。只是，藥物畢竟不是食品，吃壞東西頂多拉肚子，吃錯藥或是自己當醫生胡亂加減藥物，輕則戒斷症狀或是副作用連連，嚴重可能會危及健康甚至是性命。關於藥物，還是要與醫師討論才是健康之道。

緊急狀況處理與適法性

志工對於有輕生意念者，當下該怎麼處理才合宜？

慈濟的師兄師姊不僅在災難現場會遇到受難家屬情緒崩潰，也常在家訪時發現感恩戶情緒狀態不佳，例如：反覆提到「不想活」「人生沒有意思」「死了就解脫」之類的負面言語，有的人甚至講到打算如何尋死，聽者愈聽心裡愈是發毛。這可怎麼辦？放著不理會，深怕下次看到就是冰冷的遺體了；但要怎麼伸出援手才合宜呢？

暫時性的無法調適

首先，如果是突發的意外致使當事人壓力過大，出現了強烈的負面情緒，像是大哭、拒食、失眠、萬念俱灰……但此人以往狀況不錯，並沒有精神科病史或就醫史，像這樣的狀況，比較傾向是因為「無法調適」而造成的。

通常給予適時的陪伴，等當事者情緒冷靜下來後，會逐漸恢復理智，釋出悲傷情緒，慢慢回到生活軌道。如果志工師兄、師姊無法長期陪伴，建議離開前要尋求支援，像是找當事人的親友來陪伴，或是拜託左右鄰居常來走動，也需要聯絡鄰里長說明個案的狀況，請他們定時來探訪。若是經常有人走動，就能讓當事人感受到人間溫情，覺得與世界有連結，較不會因為感覺到自己是被遺忘、被拋棄，而將厭世的念頭付諸行動。有了愛的接力，志工要離開時就不會有罣礙。

如何關懷有精神病史者？

如果出現以上狀況，但此位當事人本來就有精神科病史、就醫史，則需要進一步關心：

當事人目前精神狀態如此不佳，是否有定期回診？

如有定期回診，醫師是否有開立藥物？

如果有開藥，當事人有按時服藥嗎？

臨床上常見病患在狀況不佳時，反而沒有心力自行回診，經常是任憑自己每況愈下，愈來愈喪失處理問題的能力。如為此種狀況，建議志工詢問當事人以往是在哪裡就醫？是看哪位醫師？然後幫忙個案掛號，以日期最近的門診時間為宜，並告知家屬一定要將病患送醫並協助病人按時服藥。

現今的網路相當方便，智慧型手機更可立即上網查詢醫院、醫師資料。關懷團隊中若有人配有智慧型手機搭配上網功能，就可以隨時幫忙受助者掛號，或查詢相關資源。因為外出訪視時，很多病患家裡沒電腦、沒網路，甚至連電話都因繳不起錢而被斷話，加上久沒去醫院，缺乏門診時段表，導致光是掛個號都成為「就醫瓶頸」。如果能有人當場幫忙掛好了號，留下紙條紀錄哪一天哪個時段去看病，再配合家人的督促或陪伴，病人往往就會乖乖回診，剩下的就可以交給醫師去處理。

如果，最近有去看診，病患狀況很糟，但是醫師沒開藥（以臺灣的民情，此機率極低），那極有可能是患者對醫師隱瞞病情。需要提醒家屬，近日內務必陪同患者再去複診，在旁報告病情讓醫師參考。

其實，另一種更常見的狀況是，病人去看診了，醫師也開了藥，但是病患並不願意合作按時服藥。這就得提醒家屬要緊盯著病患服藥，不然治療效果出不來。如果家屬也盯不動，病患狀況一直惡化下去，此時就須建議家屬將病患送醫，並考慮讓病患住院接受治療。

揚言尋短卻不願就診，可以強迫送醫嗎？

如果個案的狀況糟到不斷透露尋短意念，甚至已經做過傻事，家屬也勸不動，志工們更是無法勸說當事者去醫院的話，該怎麼辦呢？我們可以不顧當事者的意願，強迫將其送醫嗎？「強迫就醫」這樣的做法，我個人強烈地不建議。

在臨床工作中，我就遇過有病患將強迫自己就醫的家屬告上法院。何況，身為來自民間慈善團體的志工，不具公權力、沒有公務員身分，也並非受公家委託，只是一心希望對方好，就架著病人去醫院，還是有極低的機會被反咬一口。屆時，法律通常會保護「病患的人權」，而不會保護「志工的善意」。

所以，身為志工最合宜的做法是進行「自殺通報」，將此危險狀況通報給主管機關，也就是當地的「衛生局」。這時可以上網的智慧型手機就派上用場了，例如病患家在高雄縣，就查高雄縣衛生局，打過去表明要通報有自殺危險者。衛生局受理自殺風險個案通報後，會進入衛生署自殺防治通報系統通報，接著進入關懷作業流程，於三個工作日內指派自殺關懷訪視員到府進行訪視，提供情緒支持、心理輔導及再自殺風險評估等；七個工作日內完成開案訪視及個案管理工作。這些介入都是衛生主管機關之職責，具有公權力與法律支持，就不會有適法性的疑慮了。

保護精神障礙者的自主權

「非病人本人可以打電話到醫院，請醫院出動精神科醫師到場把病人綁回去治療嗎？」

這種作法在過往人權意識尚未萌芽的年代時有所聞，但依現今的《醫師法》，這是絕對禁止的。在臨床上，醫師從事任何治療都必須獲得病人同意，有些醫療行為還需要病患先簽署同意書，醫師才能進行治療。病患如果拒絕治療，那是他的人權，即使是醫師也不能侵犯病患的身體與自由。

病患已出現自殺行為，該怎麼辦？

如果個案的狀況更糟，處於情緒激動，並出現自殺行為；或是在電話、網路上表示自己正在割腕、燒炭、在橋邊要跳下去……此時，家人並不知道，或是在旁邊卻拉不住……身為志工的我們應該怎麼辦？

這時候還做自殺通報是緩不濟急，我們應即刻通知警消前往救援（報案電話一一〇），並告知個案地址及電話等聯絡方式。切記自身安全為第一，應等警消到場，需要時再陪同處理，勿貿然單獨前往。

根據《精神衛生法》第三十二條：「警察機關或消防機關於執行職務時，發現病人或有第三條第一款所定（精神疾病）狀態之人有『傷害他人或自己或有『傷害之虞』者，應通知當地主管機關，並視需要要求協助處理或共同處理；除法律另有規定外，應即護送前往就近適當醫療機構就醫。民眾發現前項之人時，應即通知當地警察機關或消防機關。」

保護人的設置

精神病患如果狀況嚴重，通常會在家人中挑選一名設為「保護人」，此人有義務在危急時將病患送醫。如果個案沒有家人在旁，或是保護人也無法將病患送醫，則此法條賦予警消人員協助處理與後續送醫的權力。

唯有按照這樣的流程，我們才能救到人，既合法，也保護了自己。

助人者要學會保護自己

其實助人者最首要的就是要先保護自己，並尊重專業！貿然去奪刀，可能掛彩喪命者反成自己；貿然去破窗破門，反倒被瓦斯氣爆灼傷；甚或可能是因為不嫻熟溝通與談判技巧，說服不成，反倒硬生生看著對方在自己面前一躍而下……

目睹個案自殺或是得知個案自殺喪命，有時會對助人者造成嚴重的心理衝擊，甚至於會引發創傷後症候群，所以強烈建議志工要以保護自己身心安全為第一考量。

何謂強制治療？

當病患已經尋死尋活了，放在家裡實在危險。如果病患願意接受治療倒好說，要是病患拒絕接受治療呢？我們可以要求醫師把病人綁進病房關起來嗎？聽說現在有「強制治療」這個法條，要求醫生這樣做，應該也合法吧？

先讓我們回到《精神衛生法》第四十一條：「『嚴重病人』傷害他人或自己或有傷害之虞，經專科醫師診斷有全日住院治療之必要者，其保護人應協助嚴重病人，前往精神醫療機構辦理住院。前項嚴重病人拒絕接受全日住院治療者，直轄市、縣（市）主管機關得指定精神醫療機構予以緊急安置，並交由二位以上直轄市、縣（市）主管機關指定之專科醫師進行強制鑑定。但於離島地區，強制鑑定得僅由一位專科醫師實施。」

志工在法律上的地位不足，送醫最好是要由保護人，也就是家屬出面。

而所謂的「嚴重病人」的定義，是出現在《精神衛生法》第三條第四項：「嚴重病人：指病人呈現出與現實脫節之怪異思想及奇特行為，致不能處理自己事務，經專科醫師診斷認定者。」

說白話一點，就是受到幻覺或是妄想干擾到與現實脫離，行為亂七八糟，胡言亂語，根本沒有判斷能力，也無法自理生活；當所有人看到他都會說：「這個人瘋了！」在這種狀況才能稱之為「嚴重病人」。

要這樣嚴重的病人才能強制由精神醫療機構做緊急安置，進行後續的強制鑑定，亦即把資料送給審查會申請。如果審查會駁回強制申請，醫院要立刻把病人送出院。而要審查會許可其強制住院，方能留病患住院，且上限為三十天。

如果並沒有心神喪失到完全瘋狂的狀態，即使送到醫院，精神科醫師也無法可啟動「強制」鑑定／住院的機制。

因此，請別在急診室為難醫師了，這是因為法律愈修愈保護病患的人權（這包含病患在神智清楚下，拒絕接受協助，硬要尋死的權力），家屬與社會安全相對之下就縮減了。在這種狀況之下，還能做的就是請醫師勸服病患願意回診，進行藥物或心理治療，並由醫院啟動自殺通報。這樣，病患或許願意開始接受醫療協助，且有訪視員到府關懷，或許就能出現轉機。

多管道建立支持系統

有時自殺意念就在一瞬之間，我們又不可能隨時在旁勸慰，這該怎麼辦呢？有很多資源可以提供給當事人的，請他們一有狀況就打電話給親朋好友聊一聊，或許就是一個救命的關鍵。

如果他的親友支援系統薄弱，就請他打電話給生命線：一九九五、張老師：一九八〇，或免付費的安心專線：〇八〇〇—七八八九九五（〇八〇〇—請幫幫救救我）。如果是家庭衝突、家暴受害者，則撥打婦幼保護專線：一一三，尋求協助。

人在慌亂的時候，常會六神無主，當什麼都抓不住時，就容易走上絕路。志工在探訪結束前，可以適時提供這些諮詢專線給當事人與其家屬，但不要以為我們只說過一次，就認為對方會牢記，最好能寫張紙條，黏貼在個案的市內電話上，或是幫忙輸進個案的手機裡，讓他們在感覺心情沮喪時，立刻能撥打專線，及時抓到救生圈。

心理諮商與保護專線

生命線：一九九五

張老師專線：一九八○

安心專線：免付費○八○○—七八八九九五
（○八○○—請幫幫救救我）

婦幼保護專線：一一三

第六章

心靈依歸

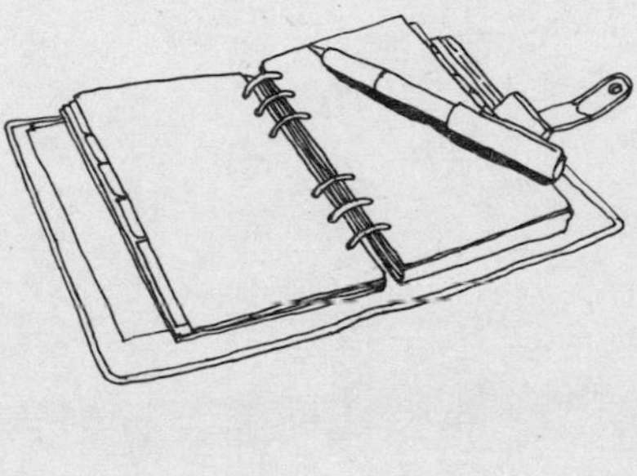

人間菩薩感恩知足

臺灣在數十年穩定的經濟發展之下，平均收入提高，大多數人已經豐衣足食，但是人心卻仍有困頓。人的嘴像無底洞，一天三餐怎樣飽食都不饜足；人心更像黑洞，無法滿足的慾念猶如細菌分裂，滿足一項就生出更多項。有車之後想要名車，有名車之後像要限量名車，擁有限量名車之後，想要全世界唯一的訂製款式……填不滿的慾望驅使人們在世間競逐，爭鬥，卻又唏噓著高處不勝寒。

在臨床上也常遇到有人求醫的原因是「孤單、寂寞」，「不知人生要做甚麼。希望上天早一點把自己收回去好了。這樣就不用再被每天的生活折磨了。」這種個案也知自己好手好腳身體無病痛，有家有眷，溫飽無虞，實在很難再抱怨什麼，但是，他就是不快樂。這種「心病」看多之後，不消多說就已經猜到其病根十之八九出在「缺乏人生目標」——他忘了自己來這世間的目的，以致只能成天混吃等死，自然了無生趣。當人的身體安好，生存無憂之際，「心」為何還是不定呢？依照經驗顯示，勸告這類的人做任何事情去「安心」，效果都不大。人心要能夠定，通常在「靈性」層面都要有所依靠。

在這動亂的世間，災難頻傳是正常，風調雨順是渴望。但是，人心為了要平順生活，普遍存在著鴕鳥心態，把周遭的一切視為恆常不變的。好是應該的，好還想要更好，而很少去設想變故或災難。往往要等到遭遇無常之際，人們才會質疑原本所「習以為常」、「理所當然」爾的事物，是否真為永恆。事實上，我們理智上也清楚世間事物沒有永恆，但不如預期的變動，例如：臺灣與全世界愈來愈頻繁的氣候劇變與災難頻傳，我們在情感上卻依然難以接受。要看透這種矛盾，非得要有深奧的智慧。

國土危脆　眾生共業

上人在早先時候見證道格颱風造成信義鄉柔腸寸斷的景象後，就開始呼籲護山護海——山要顧，海也要保護！從九二一開始，上人也一再交代經過此次大地震，臺灣的山地更加鬆動，中部尤其嚴重，整個山地已經非常疲乏，一直要塌軟下來，只要下一場雨，都有可能會崩山；若有乾旱發生，山也會滑落，因為土都鬆動了！

這些年來，上人的內心一直有「國土危脆」的感覺。上人開示我們：「『人定勝天』這種觀念不能有，人與天爭的結果，短視近『利』之後就是『害』的到來。所以人生應該提高警覺，時時順乎大自然法則，與大自然和諧相處，才能常保永久的平安。」「我的心一直很沉重，人心病了，社會病了，地球也病了……三十多年來，我常說『眾生共業』，人心的業愈積愈多，天下眾生就要共同承受惡果，這是人心所造成。災難既是從人心開始，我們就要趕快淨化人心！」上人對於自己有著深切的期許，對於慈濟人則寄以無限的盼望：「社會多一個好人，就多一份善業。」

而散布在世界各處的慈濟人，又是怎樣的樣貌，以及怎樣的因緣進入慈濟呢？

想當別人的肩膀，自然就不怕了。

輕柔師姊（化名）是個天性膽小的人，向來看到有人辦喪事就會繞道而行，更不用說要進太平間或是去殯儀館。因緣際會進了慈濟之後，不忘跟大家講說千萬不要找自己去做有關「那方面」的事情。

惟天不從人願，輕柔師姊第一次被找去「助念」，事出突然，是因為慈大的學生發生意外，需要立刻動員前往。在助念堂裡，別人都已經就定位，輕柔師姊只剩下亡者的頭部附近有空間可以站，只好硬著頭皮站過去開始助念。

然而，因為亡者是因溺水剛過世，隔一陣子就有水從七孔冒出，師父們就會掀開覆蓋亡者面容的白布，悉心的為這位學生擦拭水漬。一再看到遺體的面容，讓膽小的輕柔師姊難以承受心裡的害怕，最後恐懼到無法完成助念，提前離席。回家之後，師姊覺得自己受困於膽小的個性，讓想要助人的心受到限制，輕柔師姊因為想要當別人的肩膀，便發願要突破自己內心的恐懼。

後來，花蓮發生一場火災，受難者是一個家庭到此旅遊因無處住宿，借住清潔隊的房間，竟然遇上祝融之災。師姊當時陪伴家屬去認屍，其中的女性遺體因為高溫燒過而使絲襪都黏在肉上，狀況慘不忍睹。要是以往，輕柔師姊絕對是不可能去這種場合的，但是為了要膚慰家屬，就是忍著自己的害怕、恐懼……堅強地陪伴家屬熬過令他們心碎的時刻。

因為苦難看多了，輕柔師姊了解到以往覺得「理所當然」的，並非理應如此，而逐漸轉化心態為「感恩」。在無常的面前，人生並沒有理所當然，能享有的都應該要珍惜與「知足」，這是加入慈濟之後的寶貴收穫。

慈濟大家庭之間的支持

資深志工吳師兄身上有著病痛，但是他並不外露病苦之相，很慈悲的提點我們慈濟人的思維。就像做志工，也是需要「計畫」的，要派先遣人員進入當地了解「需要」，才能確保帶進去的物資是對方真正需要的。做事時要講究「規矩」與「行儀」，因為自己的言行就代表了慈濟。最後離開時要記得「善後」，把東西都收拾到乾淨完全之後，才能算真正結束。這就是慈濟人「負責任的心態」。

「我是十項全能。以前是不良習慣的十項全能，進了慈濟就變成行善的十項全能。」

像吳師兄這樣做了幾十年的志工，行善無數，近來還是遭逢病痛，會懷疑行善福報是假的嗎？吳師兄覺得自己已經是「賺到」了，以前喝酒、抽菸……種種不良習慣都有的他，那時恐怕早已種下病根。要是沒有進慈濟，立即將惡習全改掉，應該早就已經發病、報銷啦！「不進慈濟，早就走了！」因為進慈濟得了好處，拖到最近才發病，這已經是福報了。

發心進慈濟的人很多，不諱言的也有部分人選擇離開。有些人甚至都已經受證了，但是覺得沒有可以發揮的地方，就不出來了。關於這一點，吳師兄認為要當志工，就是「自己要去找工作做」，不是等在那裡等人家來「發落」工作。自己主動去找出需求，去付出，逐漸做成習慣，這樣就成就了菩薩道。像他就是以往每天在醫院各處走動，隨時發掘需要，做久了大家都找他，事情愈做愈多，每天都忙得很充實，法喜充滿，就算在病中，只要體力恢復得差不多，吳師兄就會出現在志工崗位上。吳師兄珍惜每分每秒可以當志工的時間，不僅讓我們敬佩，更帶動許多醫院同仁以他為榜樣，歡喜投入義診服務，一起為人間造福傳愛。

歡喜幸福不畏苦

「過程不用講，結果不用講，歡喜就好」

在鐵路局工作的潘師兄回憶到十多年前正當兩岸情勢緊張時，大陸正好發生天災，慈濟發動勸募救災，那次慈濟人在街上的募捐進行得特別辛苦。他們還曾被計程車司機吐口水，罵道：「人家把飛彈對著我們，竟然還要捐錢給他們？」勸募的過程承擔相當的辛苦與忍辱的功夫，募捐終於完成之後，大家內心是很想向上人邀功的。

然而，上人竟然說到：「過程不用講，結果不用講。」大家都傻眼了。上人接著說：「告訴我，你們的感受。」這時，大家的情緒終於宣洩出來，哭泣掉淚，述說委屈、做善事卻給人糟蹋……種種的辛苦。上人聽完後，說道：「現在歡喜否？」眾人點頭。上人繼續說道：「歡喜就好。」所以，上人是刻意不讓大家去講辛苦，而是記住做善事後的歡喜。

上人曾經引述《藥師琉璃光如來本願功德經》上言修行累積功德，不只在寺院拜拜、做做佛事，而是要去付出，凡是利益人群的事情，都是「功德」。上人再仔細解釋：「『內能自謙，外能禮讓』即為功德。什麼方式叫自謙呢？凡是發自內心的受持功夫，不管別人如何對待，都要好好調適自心，即使有委屈或不平衡，自己都要反省，就是修行。修行是要往內心觀照，如果內心能將一切外境化為平靜，這就是修持的功夫。」

皈依就是由黑反白

潘師兄有著樂於助人的「雞婆」個性，進慈濟有二十多個年頭了。

今日不論誰看他都很難相信當年的他，竟是毫無佛緣的模樣。

慈濟人經常搭火車回來花蓮，多年前曾把一整疊的《慈濟月刊》遺留在火車上，那時潘師兄因為工作關係在整理車廂，偶然發現了月刊，隨意翻閱之後，其實內心蠻懷疑的，潘師兄那時的想法是：「這怎麼可能？怎麼會有這麼多『呆子』？」因為慈濟師兄師姊也會忘記其他東西在火車上，站長常要他把月刊、遺忘的物件，專程送去慈濟醫院。但是，也僅止於職務上的短暫接觸，潘師兄當時根本沒把慈濟當真。

後來在廟會裡遇到其他師兄，他們邀請潘師兄去聽上人的講座。剛開始他並沒有真的想去聽上人說法。但有一次，剛好有火車班次調動，下午四點多潘師兄剛好就到了臺東，因緣際會可以趕上上人在臺東講座的時間。也正因為講座會場就在臺東車站旁，所以他就過去聽講。

初次聽上人的講座，潘師兄覺得有些失望，感覺上人「只是講故事」，沒聽到什麼深奧的道理。後來晚間九點在返回花蓮的班車上，潘師兄雖然與花蓮的慈濟人同班車，卻刻意閃開他們。

潘師兄回憶到對慈濟的法比較有感應的時刻，卻是在聽廣播時，聽到上人說：「人格成，佛格俱成。」把人做好就是成佛的道理。重點是要從「善門」進來，而非執著從「佛門」進來，才對慈濟印象深刻。

然而，潘師兄自承當時還是懵懵懂懂，即使後來被其他師兄邀往朝山、皈依，卻只會跟人家跪，隨人家拜。因為動作上顯得遲疑與突兀，潘師兄立即被上人注意到了，問他「皈依」是什麼意思？潘師兄自然是答不出來。上人對大家開示：「皈依，皈就反白，皈依就是由黑反白。」「光是皈依是什麼就得講好久，待會兒去後邊領錄音帶回去聽。」即使如此，潘師兄後來也還是沒有去請領錄音帶回去家做功課。顯見，潘師兄雖是入門早，當時的心卻尚未做好準備。

夫妻應該要同修

潘師兄還曾穿短褲就去精舍，當成去串串門子，走動走動。此舉還曾被上人私下指正過。雖然潘師兄視自己為上人的兒子，女眾為上人的媳婦，可是連如何「頂禮」都不知道！潘師兄後來反省，覺得自己應該要好好學習佛教的行儀才是。

那時廣播名主持人李季準曾在節目中說：「人生不過幾十年，應該找一件事情來考驗自己。」潘師兄對此話也印象深刻，當時想到佛法裡有「八戒」，自己卻仍有喝酒的習慣，如果要考驗自己的話，那就來「戒酒」吧！此舉讓他太太相當欣喜，潘師兄也提出自己的心得：「夫妻應該要同修，了解對方原來在做什麼，這樣才不會產生質疑。」

縮小自己

以往拜經之後，慣例是由潘師兄去請上人出來。有一次上人沒有等他去請就先過來，潘師兄一眼看見，但眾人才剛拜經起身，還在整衣、交談、騷亂中，潘師兄又不好說出「師父已到」，就直覺地提高音量以企圖控制場面。上人看在眼裡也沒說他什麼，只對大家講了一個故事：

以前有一個和尚名叫法達，他誦念《法華經》已經念了三千多部，因此他就生了一種貢高心。當他到曹溪南華寺去見六祖慧能大師時，本來一切僧人，見著住持、方丈和尚都應該搭衣持具，恭恭敬敬的叩頭頂禮。就因為法達心裡生出一種障礙，以為誦了三千多卷《法華經》功德一定不少，於是當他見到六祖大師的時候只彎一彎腰，連頭也沒有叩到地上。

六祖大師便問他：「你現在心裡有一個什麼東西？既然頂禮為何不磕頭？」法達很坦白的說：「我念《法華經》三千多部了。」六祖大師就問：「那麼，《法華經》的精髓是什麼？」這一問可把法達問住了，《法華經》奧義無窮，一時之間怎能說得盡？六祖大師就告訴他說：「縮小自己。」

過了很久，潘師兄才了解，原來上人在點他的大呼小叫的行為啊！上人的法，是生活化的法。今生的事情修好即可，把「人」的事情做好就好了，亦即「人格成，佛格俱成」。

悲憫心大無畏

無我，無畏

就像在空難過後，部分軍方單位曾因災後有人在站衛兵時聽見吵鬧聲，擔心鬼魅作祟等等，而請求慈濟人前往部隊為官兵做心靈引導。難道慈濟人不會怕去這種現場後，「招煞」、「卡到陰」嗎？面對這樣的疑問，輕柔師姊表示自己毫無忌諱，因為當下絕對不會想到自己，以「無畏」的態度去做正確的事情，「幫助需要幫助的人」就是了。

即便是亡魂也應能感應到慈濟人的這股「正氣」，慈濟人是來幫助自己，莊嚴自己的遺容，還進一步撫慰自己的家屬，安定他們的心情，有誰會願意加害、糾纏這樣的？所以說，事後的「靈異經驗」在慈濟人身上是沒有的。在做助人的事情時，無論是怎樣的狀況都不會害怕，就像另一位師兄說的：「那不是以前自己的我，專心一意在幫助別人的時候，會忘我。」

單純的心最勇敢

在慈濟做志工都是本著一顆初發心，無所求的幫助別人。像賑災一定是自費自假，貢獻自己的體能與資源，完全不求回報的付出。常話說「無欲則剛」，即使是原本膽小的人，為了要幫助別人，都變得能忍住害怕與悲傷的情緒，很鎮定的照拂他人。有的師姊反倒是回家之後，緊繃情緒才鬆開，一宣洩就哭個不停，連哭了好幾天。也有的師姊去震災區救災回來，還是感覺到地面在搖晃，災區的景象像電影片段一直在眼前播放，甚至難以入眠，得了失眠症之類的創傷後壓力症候群出現。像這些狀況都需以智慧法語逐漸消化、轉化掉。

花蓮潘師兄曾有個對門鄰居去當兵，後來因為精神分裂症病發而退伍。他回家之後總是緊閉門窗，在家貼符咒，燒冥紙，出現種種怪異的行為，後來被強制送醫。因為他又同時被人檢舉偷竊、私藏槍械，警方必須會同鄰里長進屋裡去搜查。那時潘師兄也陪同前往，進到那屋子裡經歷過那種怪異的氛圍之後，回家之後竟開始失眠、胡思亂想，後來是靠「念佛」而化解心魔。

心靈的充電站——上人法語

詢問到資深的慈濟師兄、師姊，這麼多年來的志工生涯，難道不曾疲倦困乏嗎？為何能夠堅持這麼久？師兄師姊不約而同都回答說：「當然在做慈濟的路上有時會感到無力，這時候就需要靠上人的開示，化解內心的疑惑，而不會沉溺在沮喪憂鬱的情緒中，可以自己走出低潮。」

也要學習將感恩戶、受難者，當成是「示現苦難」讓我們學習的老師，在心態上就會比較正向。

在大園空難之後，上人曾擔心志工在接觸那樣慘不忍睹的境界後，內心是否會受到影響，存有陰影？所以行腳南下途中，到了桃園分會致上感動與感謝之意，並問志工們：「看到這種景象怕不怕？」

慈濟志工們一一回答：

「師父，這個時候只有心痛，已經不知道害怕。」

「說完全不怕是騙人的，但事後心情慢慢回復，仍然照吃、照睡、心理與生活完全正常。」

「當時我想，我是抱著大愛而來，必定要心無罣礙，一心為往生者虔誠祝福才行。這樣一想，就突破了恐懼的心態，繼續專心念佛。」

「後來自己靜靜地想，開始感恩有緣進入慈濟，才有機會深切體會無常；也感恩往生者，示現這樣的景象來警惕人世無常。就這樣不斷地升起感恩心，我才慢慢恢復正常，不再陷在痛苦的傷心之中。」

「我看到有一個人全身只剩半截，頭已經被壓扁了，而照相機還揹在身上。人生實在是太無常了。此時的我，才能深切體會佛陀的教法。」

參與陪伴家屬的師姊接著說：「當我陪伴罹難者家屬，當他們哭泣時，我忍不住跪下來，牽著他們的手，告訴他們：『此時最重要的是以虔誠的心祝福往生者。』我之所以能視這些家屬為自己的親人，如此真情流露，自在地做安撫的工作，是因為加入慈濟才能做到，所以我非常感恩。」

上人讚歎慈濟人經過這次的救難工作，相信日後在菩薩道上，必然更能真切體會佛陀關於無常的教法，而非只是口說無常但無法透徹了解。另外，也能自我考驗修行功力如何，不論面對任何境界，總是心無罣礙，無有恐怖，常保寂靜的狀態，這是學佛者追求的心靈境界。但是在付出行動時，更要有悲憫與尊重的愛心，就如在撿拾屍塊時，若能每撿一塊就念一聲佛，這即是尊重；而動作小心翼翼，毫無草率，這就是悲憫。

生者心安，亡者才能靈安

上人後來也多次對此開示：「家屬除了在心靈上要面對天人永隔，生離死別的那種血淋淋、撕碎了的心痛外；更難以面對的是看到遺體的破損、腐朽。」

「事實的確殘酷，但大家應該要更冷靜面對這樣的事實。就如一個已經破碎的風箏，風箏在空中，風不斷地在吹，因為有一條線拉著這個破爛的風箏，使得它不斷在空中掙扎。與其眷戀著這個破風箏，讓它不斷在風中受著折磨，不如把線剪斷，讓風箏隨風而去，飄到它應該落地的地方。」

「最重要的還是要想辦法來安靈。」「飛機突然在三萬多英呎的高空解體掉下來，因為在瞬間來不及反應，很快就靈魂脫體，相信乘客一點痛苦都沒有。很有可能就這樣飄浮在空中，看著他的家人呼天搶地。其實家屬淒厲地呼叫，反而增添亡者靈魂的不安。說不定亡魂一直在膚慰他的兒女，膚慰著他的父母，跟他們說不要哭，不要悲，不要痛，只是我們聽不到。那種不捨的苦，這種無形的神識會纏著他，讓亡靈脫離不了。」

「只要生者心安，把心先安下來，冷靜下來，虔誠地隨著他的宗教信仰，虔誠地為亡者祈禱，為他祝福，讓他的靈魂能安下來。假如他是佛教徒，就祝福他隨著佛菩薩的力量，使他的靈能安；假如是天主教徒或是基督徒，就讓他隨著他的主來安下他的靈。隨著信仰，靈魂就能安住。無奈的事情既然發生。生者總要先想辦法來安心，才能讓罹難者靈安。」

所以，在各災難現場的慈濟人會輪班助念，當念起佛號時，家屬的心裡可以逐漸平靜，祈願亡者之靈亦能有所依歸。上人慈示我們，人生無常，轉瞬之間竟是天人永隔！然而，對於往生者來說，雖然身體支離破碎了，但這只是物質的損壞，其靈魂已經解脫，毫無痛苦。最悲痛的是家屬，所以必定要使家屬平靜安寧下來，亡靈才能安心離去，隨緣再來人間，此即生死兩相安。

一切盡人事不執著

曾經在土石流掩埋家園的災難現場，部分受難者的遺體直到救難的最後一天都沒有被挖掘出來，這常使家屬相當焦急與不安。為此上人亦慈示勸說過：「一切是盡人事，就算挖到了也要再埋著，不如就虔誠祝福家人靈安，凡事順其自然就好，不要過於執著。」「自己的心安，家人才能靈安；找得到就安下心來，找不到就虔誠祝福。」

佛教的因緣觀

上人曾經勸慰過一位孩子不幸在空難中往生的老菩薩：「能成為母子必定是雙方有緣，而孩子應該是為報恩而來，因為孩子給予你很大的滿足，你認為孩子什麼都好，這就是孩子心懷感恩，所以要來報答母親。但是，報恩也有圓滿的一天，當緣圓之時，孩子世緣已盡，就必須捨此投彼，往赴另一段人生。事實上，不論是做父母的或做子女的先走一步，彼此今生之緣既然已經終了，就再也不是母子關係了。」所以，上人勸勉我們應看透緣聚、緣散的道理，我們與眾生都是多生以來的眷屬，不要將愛侷限住，應該化小愛為大愛，天下的孩子都是我們的孩子，都是我們應當關心愛護的人，這樣我們的愛就能擴大。

有時，緣分也有不及之處。例如：雖須幫助卻拒他人於千里之外的國家，或是因為戰亂只能前往一次發放，已經結緣的災民令人牽腸掛肚，擔心他們的後續狀況，善緣無法持續也使人感到相當愧疚……上人曾經提示過，我們要先從手伸得到的地方開始做，有時緣分未到或是不夠，就是救不到。感傷總是於事無補，還是要提起精神，以最虔誠的心為他們祈禱。

大愛劇場——美麗人生

大愛電視臺的大愛劇場曾播出《美麗人生》，此劇乃描述一九九八年華航大園空難罹難者家屬游美麗師姊的生命故事。一九九五年，游美麗與丈夫自工作崗位退休後，積極參與社區服務。夫妻兩人在臺中地區是令人稱羨的模範夫妻，而且還有四名多才多藝、乖巧聰慧的女兒。尤其大女兒從小就是家中的小幫手，更是三位妹妹與媽媽之間的溝通橋梁，後來更成為音樂老師，母女感情特別緊密。

然而，華航大園空難奪走了她的大女兒的生命，痛失愛女的她在空難現場封鎖線外，數度因悲痛不支倒地。往後的日子，她因無法接受女兒已離開人世的事實，終日以淚洗面。意外發生時，前往空難現場關懷受難家屬的慈濟人不斷安撫美麗，之後也持續表達關懷，加上證嚴上人開示她要「前腳走、後腳放」，她遂立願要與女兒攜手在天上、人間做好事。其後，雖然歷經中風，左半身癱瘓而再度面臨嚴苛考驗。在家人與慈濟志工不斷鼓勵下，美麗師姊開始勤做復健。後來發生九二一大地震，她再次振作，更積極復健，甚至開始義演募集善款救災。

供在廟堂上的菩薩像，也許是坐著等人來祈禱，而聞聲救苦的菩薩可是無所不在，聞聲救苦。做志工就是要行菩薩道，而且是發願當個行動派的人間活菩薩！

第七章

訪視停看聽

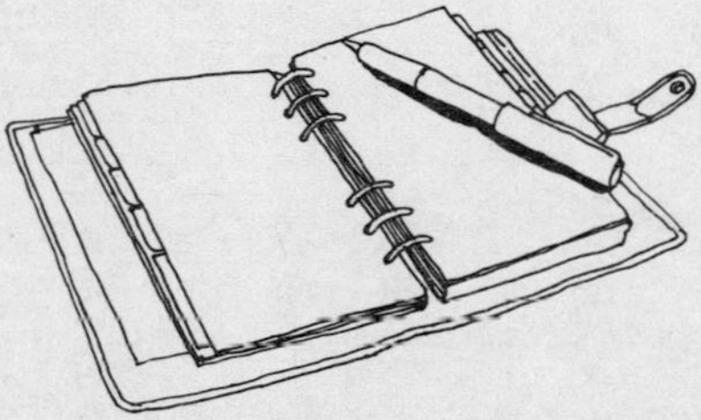

前言

本書前面六章著重在急難救助時，慈濟志工或職工們曾經遭遇到的心理衝擊與因應之道。其實，慈濟志工在臺灣各社區訪視時，也會在慈善個案的關懷過程中，遇到難以處理的狀況，或是無法理解與溝通的照顧戶或居關戶。突發狀況或是停滯沒有進展的溝通，經常讓訪視志工煩惱到不知該如何是好！

沉默型的案主可能持續拒絕溝通；操控型的則多半具有邊緣性人格；說謊型，閃閃爍爍、遮遮掩掩只為了取得更多的社會資源；抓狂型，很可能是反社會性人格，容易暴怒，或以暴力做威脅。有的案家能言善道，會以言詞威脅要取得補助，為此甚至可能不說實情，造成訪視志工與社工在評估是否要補助時的兩難。

面對情緒極端不穩定的受助者，訪視志工也有可能會因為整天擔心對方會不會自殺，壓力過大而導致失眠。也或許會想，就是因為自己沒有接到案家的求助電話，導致案家做出自殺的舉動！

像這樣感覺愛莫能助的案家，或是造成志工嚴重心理負擔的案家，到底該如何繼續關懷呢？

本章感恩慈濟基金會慈善志業發展處與臺灣各社區訪視志工所提供的真實訪視案例，由社工師加以彙整，再以精神科醫師的專業觀點分析與建議。希望對於志工的訪視服務有實質的幫助。

助人者的自我定位

是「志工」，不是社工

在家訪時，民眾常只知道我們代表「慈濟」，卻往往搞不清楚我們是「志工」還是「社工」，因而經常衍生出特定的問題。例如：要求我們給他某些福利、津貼，甚至對提供的服務挑剔、批評，甚至揚言投訴。所以，我們一定要先清楚自己的定位，方能有判斷如何應對，以及應該遵守的準則。

首先，我們是志工，為了奉獻自己、服務大眾的志願，於自己的正職之外，抽時間出來做公益慈善服務。如表格「志工與社工的不同」，志工在服務之前通常會短期受訓，了解服務的內容、如何進行服務，最後接受任務分派，而後也會不定期接受相關教育訓練。想當志工，並不需要進學校念書修學位，只要一顆熱誠的心。這是行善，並非受薪的正職工作，事後是不會拿到金錢報酬的。雖然我們出去就代表慈濟，因為慈濟是民間的慈善團體，並非公部門，志工並沒有公權力，也沒有相對要達到的要求。

慈濟志工實踐入世佛法，能做多少也因隨順因緣，盡力就好，不要嘗試我們做不到或者不應該做的，或者因為一時心軟，答應對方過當的要求，應該要試著讓對方明白這不是志工能力所及的。如果評估案主需要更多補助或服務，慈濟基金會聘有專業的社工同仁，建議志工與社工師進行討論，擬定後續評估。

將案主納入系統，勿單靠一己之仁

家訪時發現案主可能有精神疾病，應請家屬帶往醫院評估與治療。

確認是精神病患，則由醫院進行通報衛生局、衛生心理中心，然後透過國家衛生網絡，知會給當地的公衛護士。如果病患與家屬都不肯帶去，可以委由基金會的社工進行通報。如此可讓案主進入社會安全網路，有訪視員或公衛護士定期訪視。

除非家屬有困難，例如不識字或有其他狀況，雖有意願帶往醫院，但不知如何進行。此時志工可以陪同家屬帶病患前往醫院，協助其掛號、應診，跟醫師說明病況等等。但是，強烈不建議單獨或自行號召他人硬拉案主去醫院，以免衍生無謂的困擾，例如，被控告妨礙人身自由、被暴力攻擊等等。

團體行動勿落單

志工到案家服務時，千萬不要輕忽潛在的危險，即使您已經去過很多次，絕不建議單獨行動，以免對方出現突發暴力、病發須送醫、脅持等等突發狀況時無人援助，即使無法當場脫困，也可以有人跑去求援。

為何不可以留私人資料給對方？

身為志工，在服務的時間與場所，提供他人無私的服務是應該的。但是，這是志工額外做的事情，要做到哪種程度，則是按照志工的能力與意願而定。

領薪水的社工是專業工作人員，必須符合雇用單位的任務要求。為了業務需要與取信服務對象，社工雖會給案主名片，但名片上僅有工作單位、電話號碼與分機，沒有私人電話號碼。

即使是社工，專業的助人工作者，切割工作與私人生活也是必要的，何況是志工呢？即使對方可能有緊急狀況，需要獲得及時救援，也應該僅僅給予基金會社工的工作聯繫電話，讓留值人員接聽，必要時轉達即可。志工師兄、師姊千萬不要將自己的電話號碼留給案主，以免少數案家人不肯用心、放棄思考，遇到事情就打電話找人替自己解決。長期下來，不但慣壞了案主，助長案主拒絕獨立、不肯負責的心態；自己也疲於奔命，嚴重的更影響家庭生活與和樂。

志工與社工的不同

	志工	社工
全名	志願服務者 依據《志願服務法》，志願服務者（簡稱志工）：對社會提出志願服務者	社會工作員／師
專業證照	不須	通過「專門職業及技術人員高等考試」者可取得——「社會工作師」執照
工作地點	志願服務之團體 依據《志願服務法》，志願服務運用單位：運用志工之機關、機構、學校、法人或經政府立案團體	非營利組織、公益性質社團法人、企業、醫院、學校、政府社福單位或機關
薪水	奉獻服務，不支薪	正職，受聘領薪
工作訓練	經過服務運用單位有制度的訓練後，進行任務分派例如：慈濟、生命線等各種公益慈善團體	專業助人者，需要就讀相關科系，修習規定的學分後畢業，方得以進入職場
服務對象	依照服務團體成立宗旨而定，例如：佛教慈濟慈善事業基金會：慈善、醫療、教育、人文 動物協會：照顧流浪動物；荒野保護協會：聚焦環境保護	工作單位設定之服務對象，例如： 社會局：弱勢家庭、高風險家庭 財團法人：佛教慈濟慈善事業基金會：弱勢家庭、心貧個案 家扶基金會：貧困家庭兒童生活扶助，保護受虐及有特殊需求之兒童 兒童福利聯盟：弱勢兒童與其家庭 醫院：病患與家屬 學校：學生與家長、教師

居家治療的申請

【誰來照顧她？】

六十三歲的東晴（化名）女士，一年多前發生車禍，導致視力不佳，右手無法高舉使力，左腳也開過刀，行動雖不方便，但生活尚能自理，但因東晴傷及頭部，精神狀況不穩定。

東晴未定時就醫、服藥，狀況時好時壞，嚴重時會在路上恍惚行走、沿途翻廚餘桶，有時會將廚餘用手撈起入口食用；雨天時也曾將米袋弄破，把米灑在馬路上淋雨，並向志工表示把米撿起來煮熟吃，才能保平安、保健康。

慈濟志工定時關懷，東晴態度客氣能與志工對話、互動。東晴與同住的兄長都賴政府補助，基本生活並無問題。哥哥罹患精神疾病，曾入住機構，但因不習慣又自行返家。東晴在車禍腦傷前，是哥哥的主要照顧者。訪視志工思考該如何鼓勵東晴就醫、避免因食用廚餘讓健康出現問題。

此案雖已通報心理衛生中心，但因東晴不願意機構安置，鄰居也表示東晴無暴力傾向，故給予東晴自我照顧衛教，並定期探訪。

◆賴醫師的分析與建議

近年來，人權意識抬頭，新修訂的《精神衛生法》更趨於保護病患的人權。所以，除非符合「嚴重病患」的條件，基本上是無法將病患強制送醫的。非嚴重病患如果缺乏就醫意願，也無法逼迫他們接受治療或安置。

從關懷概況中，無法確定東晴是原本就有精神疾病，還是腦傷後造成的後遺症。然而路上恍惚行走、沿途翻廚餘桶，將廚餘用手撈起入口食用，可以窺出注意力不集中（恍惚），判斷力受損（在經濟尚可的狀況下，食用被拋棄的廚餘）。把米灑在馬路上淋雨後再煮來吃可以獲得保佑，已屬怪異思考，且極可能危害健康。因為判斷力與注意力皆不佳，東晴雖能與人表淺交談，但對於自身的「怪異」之處恐無能力自覺，不像是故意掩蓋，避而不談。

居家治療

目前除了門診與住院治療，不少醫院也提供「居家治療」，亦即醫師與護理師到宅診察、給予藥物或針劑注射，相當適合缺乏行動能力、症狀相對穩定、態度配合的病患。希望取得這樣服務的話，必須將病患帶到該醫院精神科就醫一次，請醫師評估是否適合轉介「居家治療」。如果確實為精神病患，且條件符合，醫師就會填寫申請單送健保局。待健保局審核通過，負責居家治療的精神科團隊就會定期往診了。

家屬出面協助就醫

【妳家在哪裡？】

年近五十的吳女士罹患精神疾病已二十多年，一直未接受治療，每天四處遊蕩。縣府曾強制吳女士就醫，但因吳女士及家人不願配合，無法妥善處理。

吳女士與先生育有三名子女，吳女士曾自述因產後憂鬱症未治療導致無法勝任家務，也因此長期遭受先生家暴。不堪家暴離家後，吳女士竟以行乞維生，若有錢則住便宜旅舍；沒錢就暫到兄弟家棲身。不過因吳女士喜歡堆置物品，兄弟不堪其擾，已不願意收容吳女士，所以她經常流落街頭。

吳女士的女兒已遠嫁他鄉，兒子離婚後帶孩子返家與先生同住，兒子每月收入需負擔房貸及生活費用。兒子曾將吳女士接回家照顧，但吳女士行為異常，會在家中隨處便溺等。兒子也曾經嘗試帶著吳女士到醫院看診，但吳女士到醫院後，突然在大廳大喊「救命」，讓家人覺得無地自容，此後就沒有意願帶吳女士就醫。兒子無奈地說，媽媽發病已一十多年，家人身心俱疲，早已不堪負荷，也不知道該如何處理？

慈濟團隊與兒子討論，基於安全考量先協助吳女士有一安定住處，也與兒子聯繫，期待增加兒子關心吳女士的機會。

吳女士的精神狀況經常讓志工不知該如何協助？其怪異行為仍讓親屬不願將她接回照顧。吳女士不但不願意回家，也非常抗拒就醫，時時擔心自己會被抓到精神病院關起來，因此只願意到小診所就診。面對吳女士，身為志工該如何協助呢？

◆賴醫師的分析與建議

產後憂鬱與憂鬱症有何不同？

「產後憂鬱」跟憂鬱症的症狀相同，發作的特定時段是「生產後」。此時，產婦面臨內分泌劇烈變化，加上照顧新生兒的負擔，與周遭人們施予的壓力，因而發病。

產婦出現憂鬱症，對於脆弱的產後母體是很大的威脅，加上嬰兒需要母親的照顧，如果母親自身難保，嬰兒的生存也堪慮。以往也出現過憂鬱的產婦因為思想負面，企圖將嬰兒掐死再自殺的新聞，不得不慎。

產婦需要周遭親友的幫忙，尤其是初產婦往往因缺乏母職經驗而手忙腳亂，旁人也要適時給予情緒支持，而不是一味地以「為母則強」要求她顧好寶寶、做好家事，對產婦的需求視而不見。

不過，產後憂鬱症患者在接受妥善的照顧與情緒的支持後，症狀通常會逐漸緩解，如果願意配合醫療處置，會更快痊癒。

案主的說法不等於事實

吳女士自稱「產後憂鬱拖到現在有二十幾年」，我們可以理解這是她個人對於疾病的解讀，但以精神科病史來看，可能是其他病因導致。

舉例來說，精神科門診就常遇到病人進門後，說自己得了「躁鬱症」。問起是哪位師醫師診斷的？病人的回答往往是「自己覺得心情煩躁又鬱悶」，旁人與媒體又經常提到「躁鬱症」這個病名，所以就認定自己得的是這個病，也對人宣稱自己是這種病人，並沒有醫師對自己下過這個診斷。事實上，心情煩躁又鬱悶往往只是「焦慮症」罷了，而且「躁鬱症」的盛行率並不高，很難有那麼多躁鬱症病人的。

精神狀態比較不健全的人常會因為記憶扭曲、認知能力差、記憶片段，而隨口編故事填補或描述誇大，導致其口述的故事與事實差異甚大。言之鑿鑿的主角並無說謊的意圖，而是在他記憶中的事情經過就是如此。這就像是電腦的硬碟損毀，怎麼讀取都是亂碼一樣。當病人自認是實話實說時，建議須配合親友的陳述以綜合判斷，推理出較接近事實的可能。尤其，關於疾病的診斷還是須由專科醫師確診，才具可信度。

從家屬提到「病患已發病二十多年，經常四處遊蕩」的描述來看，吳女士病程過長且無緩解期，不像憂鬱症。因為憂鬱症會使人情緒低落、缺乏活力也無動機，患者通常癱軟、退縮、整日窩在家中，少見還能出外遊蕩的。而且，憂鬱症屬於「陣發性」，多少有緩解期，狀況改善的時期。

吳女士自述長期遭案夫家暴，但兒子竟然寧可與家暴的父親同住，而不是跟受虐的吳女士同住。由此推測，當年吳女士可能因為精神病發作，出現行為異常，但丈夫不知道她是生病，當成一般狀況予以勸說，也很可能因為吳女士講不聽就動手「教訓」。病患雖精神失常，本能上還是討厭被打的，因此吳女士離家遊晃，寧可流落街頭也不回家。

嚴重病情的判定

依照《精神衛生法》第三條第四款的定義，吳女士已經符合嚴重病人的程度，家人確實沒有辦法照顧，也就是「呈現出與現實脫節之怪異思想及奇特行為，致不能處理自己事務」。例如：她會在在兄弟家堆置無用物品、在兒子家中隨處大小便、在租住的房間裡小便。

根本處理的辦法就是由家屬報警，請求協助送醫，家屬就可以免於陷入以往單獨送醫時，因病患怪異行為造成的尷尬窘境。只要家屬能詳細陳述病患脫離現實的種種怪異行為，由精神科專科醫師確定診斷之後，就可啟動強制醫療的流程。經過精神科治療後，如果病患尚無法回復到能夠處理切身事務時，家屬可請求醫師將其轉到慢性療養機構進行安置。只要在這些過程中，家屬能提供必要資料，堅持送安置療養，通常醫院都會幫忙後續轉介事宜。一旦進入醫療體系，後續社會福利、安置院所等資訊，會由醫院的專責社工接手服務並與家屬溝通。

其實，病患擔心被抓去精神病院關，可能是早期的印象所致。現在的精神病院的醫療與照護水準已大幅提升，並非她殘存記憶中的狀況。況且，讓病患住院治療，三餐定時且衛生良好，遠比在外遊晃且與屎尿為伍有益。基於生存的尊嚴與健康，「違背病患意願，請家屬報警予以送醫」是較佳的選擇。

【養子無教誰之過？】

近七十歲的林先生曾中風，但是服藥後復健情況良好，不僅可以生活自理，還可以照顧罹患精神疾病的養子。林太太已往生多年。林先生將養子視如己出。兩名親生的女兒皆已成家，偶爾會回家探視。

養子於高中時精神疾病發作，診斷有憂鬱症、精神分裂症等，常惹事端，如打架、飆車、吸毒等，讓林先生很頭痛。養子雖已成年但無穩定工作，經常至社福單位威脅社服人員以取得資源，也逼迫職能治療師開立「無工作能力證明」以利申請低收入戶。養子沒有錢就跟林先生伸手。後來養子因毆打林先生而入獄服刑中。

林先生過往對養子十分寵愛，養子的要求，林先生幾乎都會答應，林先生雖可申請入住榮家，卻因擔心養子的生活與去處而作罷。林先生表示，起碼他還可以讓養子有個家可以回。

養子的狀況讓林先生很頭痛，慈濟人陪伴案家過程中，也盡力協助引導其養子，但是養子表達邏輯跳躍，前後不一，怪力亂神，表情誇大，讓很多慈濟師姊要前往關懷時，總是心生懼怕。

◆賴醫師的分析與建議

林先生是獨居榮民，理應可以到榮家就養，但因為養子而選擇外住。養子發病後，經常打架、飆車、吸毒等，這些是很花體力的，憂鬱症患者很難有如此的「興致」，推斷病因並非憂鬱症。

家訪時，志工發現養子表達「邏輯跳躍、前後不一、怪力亂神、表情誇大……」，這些症狀比較像「精神分裂症」。一般說來，此病要以藥物治療效果較佳。但因林先生寵愛又任其妄為，養子缺乏病識感，就醫機率恐怕極低。

「養子工作不穩定，常至社福單位威脅社服人員以取得資源，逼迫職能治療師取得無工作能力證明以利申請低收入戶，沒有錢可以生活就跟林先生要錢，近期還因毆打林先生而入獄服刑中。」由以上描述，他除了精神病以外，不是合併「人格疾患」就是被寵到無法無天，做事只考慮自己的利益且不擇手段，不顧慮他人與社會價值、規範。但是林先生只想要溺愛，任養子予取予求，也不堅持要養子接受治療，志工與社工應著重在說服林先生讓養子就醫，否則旁人愛莫能助。

養子已經從過往經驗中學習到「吵鬧的小孩有糖吃」，經常到醫院或社福單位無理需索，建議勿再把他的胃口愈養愈大。或可用「就醫治療以證明確實罹病方可獲取資源」，做為交換條件，將他導入醫療以穩定精神狀態。如果不肯且胡鬧過頭，就請家人報警處理，讓他感受到外界的制約，學習適度自控。

精神分裂會遺傳？

【依賴補助】

年近四十的邱先生，身材高壯，因罹患重度精神分裂症而離職，此後工作不定。他常說因為患有精神疾病，需固定就醫及服藥而無法工作，僅偶爾與友人至山上務農，但工作意願低落，常常沒做幾天就下山返家。

邱先生有精神分裂症家族病史，父親已往生，母親罹患重度精神分裂症，小弟也是精神分裂症患者，大妹則罹患躁鬱症。

目前邱先生的朋友提供租住屋讓他居住，平日也協助其生活並協助幫忙他申請相關社會資源。邱先生每月依賴領有取得低收入戶身障津貼補助，經濟應無虞，但因邱先生理財能力不佳、花費又多，經常表示自己經濟困難。

志工關懷時，經常見邱先生與友人飲酒說笑，思緒及表達清晰，評估覺得應該是邱先生工作意願低，不希望邱先生養成依賴性並濫用資源；但邱先生難以理性溝通，會用激烈的方式求助，非達目的不肯罷休。

◆賴醫師的分析與建議

重度精神分裂症不等同於終身重病

精神科疾病包含層面很廣，有嚴重的也有輕微的，絕非罹患精神病就是終身無用。即使是精神病中相對嚴重的「精神分裂症」，也非終身如此。發病時也許很嚴重，但後來症狀趨緩，狀況會時好時壞；部分患者經過治療後痊癒，跟常人無異！

邱先生雖因重度精神分裂症病發而離職，並不表示他的病況永遠處於「重度」，那只是發病時、或是鑑定時，判定是重度，但症狀可能隨時間而緩解減輕，所以志工訪視時，看見他談笑風生，也不需太過意外。

不應給的補助就像提供毒品

邱先生靠著低收入戶與身障補助即可維持生活，加上精神分裂症常見的殘餘症狀——「缺乏動機」，其工作意願薄弱應不難意料。不過，即使生過病，也不妨礙病患本性中原有的小聰明或貪便宜的心理，尤其在醫療、社會福利體系裏面打轉過，嘗過甜頭的患者，有些會變本加厲。助人者如果提供超過應有限度的補助或資源，就像拿過多糖果安撫吵鬧的小孩一樣，變成變相「鼓勵」其加強吵鬧、需索無度。

亂花費之後本來就要承受苦果，方能記得下次要量入為出；如果缺錢，胡鬧就有解，那誰還願意謹慎理財、工作、和忍耐呢？所以，不應該給就絕對不能給，溫和堅定，讓他吃多次閉門羹，學習到這招無效，就會減少胡鬧的頻率。

如果是因發病而胡鬧，就請親友協助送醫；如果不是發病還胡鬧威脅，可以考慮請鄰里長協助視狀況嚴重度判斷，是否需要報警請求協助處理。身為助人者也必須讓受助者理解並學習：「在非生病期間，自己必須為自己的行為負完全責任。」

精神疾患會遺傳嗎？

這個案例中，邱先生的母親罹患精神分裂症，大妹是躁鬱症，小弟有精神分裂症，加上他自己也經歷精神分裂症發作，邱先生一家生病者眾，令人嚴重懷疑是遺傳所致。但真的全都是遺傳嗎？精神疾病絕對都會遺傳嗎？

在此以精神分裂症為例，平均的罹病率約為百分之一。亦即每一百個人中，會出現一個精神分裂症患者。如果兄弟姊妹得病，那他的發病率提高為百分之八。如果他的父母親中有一人為病患，那他發病率更提高到百分之十二。如果他的雙親皆為病患，他發病率飆到百分之四十。如果他是同卵雙胞胎之一，另一個雙生子為病患，他的發病率高達百分之四十七。以上的數據顯示，即使沒有家族史，也可能罹病。不過，血緣愈近的家人影響愈大，罹病親人愈多危險愈高，顯見遺傳還是重要病因之一。

要注意的是，即使是DNA完全相同的雙生子，兩人都為病患的機率也僅有一半！所以，即便遺傳基因完全相同，也沒百分之百的致病可能。

臨床上常可以見到許多病人的家族裡，還是有不少正常的子女。這些有家族病史的正常人，未來生下的子女會健康嗎？其實這個問題並沒有標準答案。因為沒有家族史也不保證不會得病，只是機率較低；有家族史也不代表一定會生病，只是機會較高。

但機率多低才算低？多高才算高？其實那把尺在於個人心中的衡量。再一次強調這只有機率，沒有篤定的答案。

情緒障礙不等於精神病

【無業的母女】

五十多歲的黃女士育有二女，先生失業很久之後，因外遇離家失去音訊，經黃女士報警後尋獲，但不願意返家。長女幾年前於工作時不慎嚴重扭傷左手，雖已改善許多，但沒有繼續工作。

次女高中畢業後經常換工作，可說是幾近失業狀態。黃女士身體狀況不穩，經常性頭痛，已經很久沒有工作，有憂鬱傾向及情緒障礙，但黃女士不願就醫，對外人較為排斥。

慈濟志工剛開始接觸時，都被黃女士拒於門外，有時黃女士會懷疑志工，甚至用失控的情緒及不悅的言語對待志工。經過一年多的陪伴之後，黃女士漸漸對志工產生信任感。但女兒們因為受到黃女士情緒影響，對生活規劃及人群的互動都有些退縮，對於找工作都不太積極。志工幾次主動介紹工作機會，都遭到母女婉拒。

由於母女三人有長期情緒低落的現象，因此志工曾經建議就醫但引來黃女士情緒高漲直接拒絕。

此案慈濟社工及社會處皆有通報衛生局，協助申請「居家治療」服務，但經評估，黃女士一家並未符合強制就醫及居家治療服務資格，建議可以透過輔導方式來改善女兒們目前情緒低落的狀況。

◆賴醫師的分析與建議

仔細探討這個家庭的狀況，黃女士的丈夫即使失業、被警察發現，也不肯回家，除了不願負責之外，或許夫妻兩人的感情有嚴重的裂痕，非外人可以理解。

黃女士長期無工作，兩個女兒也近乎失業，如何維持生活？出外面對他人，就會被挑剔出自己的弱點、缺點，需要忍受不喜歡的事物，如果不工作也能生活，自然缺乏工作動機。

有時候保障過多、福利太好，反而會使人喪失進取心與工作意願。如為這種狀況，他人硬要提供工作機會的話，就會被受助者冷處理。

情緒障礙不等同於情感性精神病　憂鬱傾向不等同於憂鬱症

情緒障礙並非都是疾病造成。很多人本身的個性就是情緒變化大又快，對自己暴衝的情緒並不肯自我控制。如果成長的過程中，周遭的人們都隨意打罵、肆意發洩情緒，自然也不覺得自己需要改變，甚至學得更變本加厲。

情感性精神病（憂鬱症、躁鬱症）是因為腦部情緒控制中樞生病，使得病人無法控制自己的情緒持續高亢或低落，情緒過高或過低是整天都如此，而且維持一週甚至半個月以上，嚴重影響到病人的生活。如果此人平常沒事時還好，遇到狀況就像吃了炸藥，動不動就失控、咆哮、暴力攻擊……倒比較像是「修養不好」、「個性不佳」。這種狀況唯有自己修身養性才能改善，並沒有看病吃藥的捷徑可走。

並非所有抑鬱寡歡的人都是憂鬱症，大腦生病所導致。有些人是因為長期處在不順遂或是病態的環境，無力改變甚至沒有動機改變，最後呈現出「人生乏味」的樣子，臨床上稱之為「環境適應障礙」。在這種狀況下藥物治療效果不會好，因為根本原因沒解決！案主沒有意願改變自己的處境，我們勢必幫不了忙，整件事情並非疾病，當然沒有「病識感」。硬要對方去看病，自然是惹人生氣的下場了。既然地段護士都評估過不需要強制就醫或居家治療，我們也只能隨緣。

適應障礙

【焦慮的嘮叨】

金女士，近六十歲，離婚多年與子女無往來，二十幾年前因車禍引起癲癇後遺症，經常情緒焦慮不安罹患憂鬱症，但因個性剛強、愛面子，領有頑性癲癇身障手冊。

金女士身體好時，很歡喜做環保，以資源回收維生。過去曾經擁有財富，但因交友複雜、個性豪氣不懂理財，揮金如土，捐款愛心付出也如此，會購買健康食品或突然大筆捐款，導致生活費用不足轉而向志工借錢。

金女士情緒不穩，喜歡發牢騷。看到慈濟志工師姊來訪，就會一直抱怨個不停。志工只好轉移話題，希望讓她不再抱怨。由於說話內容反反覆覆，加上志工沒有機會說話，因此志工也無法進一步釐清陳述，實難掌握與了解確切的問題。其實，家訪時，志工可說是根本沒有說話的機會；有時志工用電話聯絡金女士又會遭到數落或被掛斷電話。互動實屬不易。遇其情緒低落時又會一直打電話給志工，且一說就要一、一個小時，陳述內容幾乎一樣。另外，金女士也會摔東西、罵人打人；也多次表示要潑硫酸自殺，並會寫好遺書說是慈濟人害她的。

◆賴醫師分析與建議

前面已經提過，情緒低落不等同於憂鬱症。一般人也不是每天心情都好，總有起起伏伏，遇到事情也會劇烈波動。過度低落或過度高亢的情緒持續過久，呈現病態，才能算是「憂鬱症」、「躁症」。

所以，金女士僅領有癲癇身障手冊，卻無憂鬱症之殘障記載，推斷其自稱的「憂鬱症」很可能僅是焦慮症。況且，憂鬱症患者根本沒心力多說一句話，金女士可以電話一講就一、兩個小時都掛不斷，更加排除憂鬱症的可能。

金女士個性剛強，離婚後跟前夫、子女不相往來，自絕親屬網絡。情緒不佳、煩躁不安時，以摔東西、罵人、打人等激進方式發洩，算是情緒管理不佳。

又從「潑硫酸自殺」、「寫遺書說是慈濟人害她」的等等描述，也看出金女士缺乏自省、自控能力，遭遇挫折或不順其習慣就「對外歸因」，千錯萬錯都是別人的錯。由於自覺是受害者，手上的籌碼只剩「命一條」，喜歡撂狠話以「自殺威脅」報復他人。說實在的，這類個案要救渡的難度頗高！

建議對此類型的案主給予適當的傾聽之後，就要輔以「界限」與「現實感」，例如：「您已經說了二十分鐘，可以先把情緒放一邊，先說說您在意的重點嗎？」對方可能聽若罔聞，又繼續叨叨念念。

再聽五分鐘之後，我們就再說：「您剛剛說了二十五分鐘了，請問要表達的重點是什麼？」經由此種提醒，給她「現實感」並要求她整理自己的思緒，打破她往常只顧自己發洩，不需考慮對方與現實狀況的習慣。

剛開始，她可能會以暴怒、謾罵來對付，這時就將話筒放到旁邊以保護我們的耳膜。等她罵累了、音量降低下來，再把話筒拿近跟她說：「您總共講了XX分鐘了，請問我們能幫您什麼？」再來，可能又是一陣暴怒與謾罵。

我們不需要生氣或感到挫折，就心平氣和地用上述技巧持續應對。不過，建議不要讓她佔線過久，以免養壞習慣，大概四、五十分鐘後，她還是講不到重點，那我們可以幫她做個結尾：「您總共講了XX分鐘，但我們還是聽不到重點，請您整理好需要我們幫忙的重點，改天再來電。感恩。」（也就是「今天不再接您的電話」的意思。）

家訪的時候也相同，對於金女士的發牢騷、抱怨不停都聽一下之後，就告訴金女士已經講多久了，請她講重點；除非講到重點，再針對重點討論；不然每隔幾分鐘就提醒她一次，如果她暴怒或趕人，就趁機離去。離去前再提醒她：「我們剛剛來訪XX分鐘（小時），很遺憾您還沒找出需求的重點，請您仔細思考，我們下次再來討論，感恩。」

對於不是真正窮困，而是因理財不當、揮霍，致使生活不足而要求借錢的個案，建議不要借給他們，以免對方有恃無恐後，更不想管理好金錢。如果真的需要，只提供少量足夠生活的金額即可，或是給予實物（例如：食物、必需品），以免案主養成「慈善與社服機構都是提款機」、「別人都欠我」、「只要我需要，別人都該掏錢給我」的錯誤心態。

【壓力下的崩潰】

三十五歲的曾小姐在原生家庭中就得經常面臨父兄家暴。沒想到結婚後，丈夫不但經常不回家，甚至還對她家暴。曾小姐向母親或姊妹哭訴反而遭到斥責，讓她已經不知道自己是對還是錯？這些家庭壓力加上經濟壓力造成曾小姐情緒崩潰，對於原生家庭又愛又恨。手足眾多但已少聯絡。

為此，曾小姐患有憂鬱症，領有輕度精神障礙手冊，雖長期就醫，但服藥後總覺昏沉、體力與記憶力不佳，故經常自行停藥或減少用藥量，導致情緒不穩。

擁有高學歷的曾小姐，曾因工作壓力大而離職。但曾小姐並非沒有責任感，她憂心生活，積極求職，卻一再受挫。旁人不但沒有安慰她反而誤以為她不願意自立。為此，曾小姐感覺受到傷害及貶低，情緒狀況不穩定，常因旁人的言語導致情緒低落，曾多次割腕及吃安眠藥自殺：「實在不知道接下來的生命要怎麼走下去？再繼續走下去似乎已沒意思！」

雖然醫師建議她住院治療，但曾小姐覺得被監禁，相當抗拒。慈濟志工關懷時，曾小姐表示有感受到志工的用心陪伴，但也對自己一直未改善感到自責與歉疚，對不起關心她的人。

因為知道曾小姐經常想自殺，志工團隊時常聯繫與關心，但只要曾小姐未接聽電話，志工們就會擔心她是不是去自殺？志工情緒隨之起伏，經常忐忑不安。

◆賴醫師的分析與建議

生命中無法承受的重——適應障礙

生活中排山倒海而來的壓力如果超過負荷，導致人們難以調適，產生情緒問題，此時不應直接診斷為憂鬱症，而應先考慮「調適障礙」。成年人常見的「調適障礙」的原因為婚姻問題、經濟壓力；而青少年常見壓力源則是與家人衝突、學業問題、人際關係。

在任何年齡皆可能面對的巨大壓力還有：心愛的人過世、生活上的巨大變化、重大意外或災難等等。一般而言，只要壓力不要過重或持續過久致使腦部產生永久性的損傷，或是只要問題獲得解決，壓力消失，病情就會自然消失。

曾小姐的父兄家暴，但其母或許長年忍耐後也習慣了，對於女兒哭訴女婿家暴而直覺反應可能是：「我都能忍，妳何不忍一忍就算了？」許多婦女因為無能力反抗、擔心報復，到後來甚至合理化施暴者的行為，認同施暴者，轉而指責其他受暴者。在這種家庭環境下，她得不到娘家的支持，丈夫又依然故我，長期承受巨大的身心壓力，情緒自然低落。

但，曾小姐擁有高學歷，能力並不差。她只是長期受虐，自信心被打擊到瓦解，不知如何脫離困境。其實住院也無法改善她的處境，只怕一出院就打回原形。所以，她需要的是轉變的決心，加上他人協助，例如：丈夫家暴，蒐集證據申請保護令。丈夫不回家也不養家，提出法律訴訟，加上家暴的證據，請求判決離婚。脫離暴力威脅，重回單身之後，想必壓力大幅減輕，情緒也可以轉穩，能力逐漸恢復。即使在自立的初期需要短期協助，相信沒有多久就能夠再度站起來。

重度智障者的鑑定與安置

【找出真正的病因】

四十多歲的許小姐，母親已往生，手足偶爾回家探望。與弟弟同住，相依為命，但二人皆為智能障礙並領有殘障手冊。弟弟為重度智障，不愛穿衣服；許小姐則喜歡將換下的紙尿褲堆積在床的兩旁。

十幾年來，許小姐家髒亂如故，破衣爛鐵凌亂不堪。屋內垃圾堆積及腰，因為許小姐認為樣樣是寶。屋中臉盆、牛奶罐、餅乾盒，都裝滿尿便，浴室裡瓶瓶罐罐也裝滿尿糞。許小姐不許志工協助清理，一再強調要當肥料。屋外整片廢墟，柴著木架，許小姐表示已種作物，架子是讓作物攀爬。

以往環保局與親友都曾協助清潔居家環境，但沒過多久環境又變得髒亂不堪。許小姐不願他人碰觸家中物品，也拒絕他人協助居家環境清潔。雖然環境雜亂不堪、氣味撲鼻，但許小姐對於印章及印泥皆謹慎放置與保管，能在髒亂的家中立即找到所需物品。

志工社工共同前往家訪時，許小姐責怪隔壁親友向志工告狀，大呼小叫、情緒不穩，甚至因此癱軟在地，假裝昏倒，令志工措手不及、擔心驚訝，但隔沒多久，許小姐又自行爬起。

關於許小姐情緒控制、堆積大量穢物，是否因為身心問題所導致，志工、社工與當地心理衛生中心，想要討論請醫生「到宅鑑定」的可行性。

◆【賴醫師的分析】

從許小姐關懷概況中，沒有明顯的怪異言行，但是料理生活的能力極差，懷疑可能是「智能障礙」。

智能障礙者因為腦部發展遲緩，可能出現能力較低的狀況：

一、溝通：透過符號行為（如口語、拼字、手語等），或非符號行為（如臉部表情、手勢等）去理解或表達資訊的能力。

二、自我照顧：包括飲食、穿衣、打扮、如廁、個人衛生等能力。

三、居家生活：在家庭中日常的活動力情形，如做家事、一般維護等。

四、社交能力：適當（如結交朋友、微笑等）或不當（發脾氣、嫉妒、打架等）的社交行為。

五、適當使用社區資源：如在社區的行動能力、採購日用品等。

六、自我引導：做決定能力，如了解與遵行時間表、表現適度的果決與自我的主張能力等。

七、健康及安全：維持自己於良好狀態，如適當的飲食、疾病的認明等。

八、功能性學科能力：認知方面的能力及在學校中所學的相關技能，如書寫、閱讀。

九、休閒娛樂：能反映出個人喜好與選擇的多樣化休閒娛樂的興趣，屬於公眾的活動則應反映出年齡與文化上的適當性。

十、工作：擁有一份兼職或全職工作，或是參與社區中義務的活動。

（資料來源：中華民國智障者家長總會《如何協助我們永遠的寶貝》）

智能障礙分級表

類別	輕度	中度	重度	極重度
智商	70-50	50-35	35-20	20以下
心智年齡	7-11歲	6-7歲	3-5歲	3歲以下
人口比例	1.7%		0.2%	0.06%
學前階段（0-5歲）	能夠發展社交與溝通技能，感覺動作方面稍差，但與正常童沒有顯著差異，年紀稍長才會顯出差別。	會說話或學習溝通，社會知覺不好，動作發展普通，容易學會自理技能。	動作發展不佳，口語或溝通技能發展極少，不易學得生活自理技能。	智能明顯遲緩，感官動作方面的功能很差，需要養護性照顧
學齡階段（6-20歲）	到18、19歲才能學會六年級程度的技能，能接受指導符合社會要求。	可以學習社會與職業技能，超過二年級的技能與知識不易學會，或許能學習單獨往返於熟悉的地方。	可以學習溝通或說話，如經系統地訓練，可學得基本衛生習慣。	能發展一些動作，對自理技能訓練的反應很有限。
成人階段（21歲以上）	能夠培養社會與職業技能，足以維持自己的生存，但如遭遇社會或經濟困難，則需輔導與支援。	可以在保護性的半技巧或無技巧性工作場所裡自立，如遭遇社會或經濟困難時，需要督導及輔助。	在完全督導下能達到部分自立，在控制的情境下，能培養一些有用的自我保護技能。	能發展一些動作與口語，或可學習有限的自理技能，需要養護性的照顧。

資料來源：中華民國智障者家長總會《如何協助我們永遠的寶貝》

從以上列表看來，弟弟若是重度智障，許小姐恐有輕度到中度的智能障礙，對於衛生與內務處理能力不佳，又缺乏自覺能力，拒絕他人介入整理。她的情緒表達與自我控制能力不佳，也可以智能障礙來解釋。

不過，智能障礙者並非完全沒有學習能力的，智能與學習能力成正比，能訓練到從事與自己能力相稱的工作，培養自我保護的技能。所以，即使許小姐日常生活亂七八糟，要是她以前學過要「妥善收藏重要物品」、「那些屬於重要物品」的話，從一堆垃圾中找出印章之類的重要物品並非不可能。

許小姐的手足偶爾會回家探望，表示他們的能力較佳，可以在外自立生活，但留下一個很嚴重的人給一個沒那麼嚴重的人去照顧，實在說不過去。建議其他手足要協助申請，將重度智能障礙的弟弟妥善安置，再帶許小姐到醫院進行智能鑑定。

智力測驗需要心理師於專用的施測空間以專門的工具方能進行，即使醫師「到宅鑑定」也無法評估智能分數的。如果病患無法在門診配合進行，必要時住院以進行詳細評估也可考慮。經過專業評估後，方能依據其智力分數、生活功能指數等，判斷許小姐是否適合在社區中獨居，還是以機構安置為宜。

成癮者

【按時服了什麼藥？】

年近半百歲的童先生，未婚，慈濟志工在關懷的前期，童先生已罹患精神疾病，但因為按時就醫服藥，病情控制良好。童先生感謝慈濟人來訪，但也擔心慈濟停掉補助款，他表示自己非常需要這份補助，志工鼓勵他多與外界接觸，童先生表示別人看到他都會比「阿達」的手勢，志工鼓勵他不要在乎別人的眼光。

後來，童先生因未按時就診，也沒有按時服藥控制，病情復發整日四處遊走、自言自語，但無傷人行為。不過，因失去工作能力，無法參與慈濟環保回收。

童先生原領有重度身障手冊，但未重新進行鑑定，且不願出示身分證，慈濟志工聯繫里長、衛生所及親友皆無法協助重新領取身障手冊。

童先生手足眾多但關係疏離，目前與大弟同住，但無互動，所居住房屋為童先生父親年輕時購買。

童先生平日生活仰賴友人每日提供一百元，由童先生自行購買香菸、感冒藥水、飲料。曾因無正餐食用，身體瘦弱，時常在餿水桶和垃圾桶找食物吃。民眾通報後，因為很難掌握童先生行蹤，只好請一間麵食攤供應午、晚餐，但餐盒要放在麵攤對面巷內的一處桌上，童先生才會取用，若是直接拿給童先生是不會接受的。午、晚餐費用由童先生的姐姐或慈濟志工直接支付給商家。

二個月前因無錢購買香菸、感冒藥水時，竟然以頭撞牆，撞得紅腫瘀青，無法溝通也無法相勸或引導。童先生有就醫需求，為衛生所列管精神疾病對象，但因童先生無攻擊行為，若童先生家人無意願，衛生所無法強制送醫治療。

◆賴醫師的分析與建議

童先生患有精神疾病，且併有重度身障。但主管機關因為殘障手冊發出數目逐年增加，恐有浮濫之虞，因此，新制身心障礙鑑定預定在二〇一五年七月之前，分批對殘障手冊持有者重新做鑑定，即使以往持有「永久有效」或是「無效期」之手冊持有者，也必須接受重新鑑定，往後最長效期的殘障手冊也僅有五年的時效。而如果沒有在時限前進行重新鑑定，童先生的殘障津貼與相關的福利恐怕有被取消之虞。

不過，病患不願拿出身分證，除了可能因為疑心之外，也可能是認知功能變差，身分證早就不知去向。替代的方法可以找親友陪伴，將病患本人帶去戶政事務所，辦領新的身分證件，並轉交給家人保管。病患若不願意到醫院重新接受鑑定，可連絡有提供「到宅鑑定」的醫院，詢問如何申辦此項服務。

童先生先前因有就醫，病情控制尚良好，還能與志工互動、保有基本社交能力與現實感。後來，精神狀態卻每況愈下，出現遊走、自言自語、翻垃圾桶與吃餿水等症狀，這很可能是童先生未再繼續服藥，導致幻覺與妄想復發，與現實日益脫節。即使有人提供食物，也要在無人狀態下才會取用。推論很可能是被害妄想控制，擔心他人對自己不利，躲避與他人接觸。從以上資料推斷，精神科藥物對童先生應有助益，當務之急是讓他能夠按時服藥。

抗精神病藥物除了一般的錠劑之外，還有一、兩種藥有生產「滴劑」。此類滴劑通常是無色、無味的液體，附有可以測量用量的滴管，每日按照醫師指示的劑量加在病患喝的水、吃的飯菜裡面，也可以達到讓病患服藥的效果。病患是否會把加了藥水的飲食全部吃完，是決定藥物進入體內多寡的決定因素。

所以，替代方式可以由家屬到原先就醫的醫院陳述病患近況，或許可以拿到滴劑，再委託供餐的老闆加入飯菜內。等病況較為改善，童先生願意信任他人，開始與人互動之後，改成定時到門診打長效針劑，或是申請前述案例中有提到的「居家治療」，藥物治療的效果會更加可靠。

當病患將濟助款項拿去買香菸、感冒藥水、飲料，並沒有用在吃飯等重要民生問題上，且沒有菸抽與沒有感冒藥水可喝時還撞頭自傷，顯見判斷力差且受成癮物質控制。在這種狀態下，建議將能用以購買成癮物危害健康的「金錢」，改為以「實物」援助，甚至改為「醫療」援助。重新辦理後的金融存款簿也不宜讓病患保管，因為殘障津貼可能按月進入戶頭後被其濫用，建議家屬或主要照顧者能代管。

被害妄想症

【是誰需要看醫生？】

年近六十歲的周女士，因先生好賭、外遇且將房子抵押借款，導致房屋遭法拍，周女士與二個女兒被迫搬遷，周女士沒有工作，整天忙於打官司，控告其夫偽造文書、詐騙導致房子被法拍；也控告醫師幫次女動手術有疏失。

志工與周女士互動時，周女士常提起原生家庭父母偏心不同對待，影響兄弟姊妹之間如今也不相往來，也常提到過去被先生所害。

因丈夫外遇，周女士夫妻經常吵架，導致長女身心狀態失調並住院治療。近一年來，長女身心狀態日趨嚴重，但卻一直未就醫。長女常出現幻聽幻覺、自言自語症狀，明明桌上沒東西，卻叫説「桌上的沙子怎麼越來越多？」或是「怎麼有那麼多個自己？」長女認為就醫看診會被關起來而不願再接受治療。

次女打工結交男友，周女士擔心二女兒會被騙遭遺棄，又抱怨二女兒賺錢卻不養家，導致母女關係惡化，次女搬離家中。周女士哭訴二女兒跟前夫一樣無情，也打電話罵二女兒丟下自己及長姊不管。

志工陪伴就醫時，醫生曾提醒志工，周女士精神狀況有異，有被害妄想症，稍有事端就想提告，志工要小心應對。事後，周女士果真抱怨志工與醫師互動交換意見，影響周女士之「身心障礙手冊」評定從重度變成輕度，無法通過「低收入户證明」。

二個女兒已成年，屬工作人口，因此低收補助取消；志工也考量女兒有工作，重新做經濟評估。周女士覺得自己無工作能力很可憐，對慈濟與社會資源依賴度很高，一直要求補助。對志工也提出一些無理思維，認為是社會虧欠她、慈濟虧欠她；如果房屋沒有被法拍，就不用搬家也不需付房租。

志工與周女士互動時，不能提及家庭收入，若提到收入，周女士就會講出很情緒的指責或一直陳述過去的生活，甚至還曾下跪拜託志工。有段時間，周女士甚至常於志工要去家訪的前一天自殺，這些舉動讓志工很為難，很無奈，更擔心害怕。

志工已運用各種方法協助，皆無法有效改善周女士的狀況，真不知該如何協助母女再站起來？

◆賴醫師的分析與建議

社會福利與善款屬「公共財」，資源有限，志工皆謹慎把關避免濫發。周女士兩個成年女兒皆有工作，絕對無理由自稱需要幫助的「低收入戶」。

新制身心障礙鑑定並非僅以病名、病況做嚴重度判定，還加上「功能評估」以貼近事實。周女士可以自己打官司，專注於興訟卻不工作，主治醫師將其障礙等級改成輕度是合理的。而周女士並非手術當事人，卻代次女提出醫療訴訟，更是疑點重重。「主治醫生亦曾提醒志工，案主有被害妄想症，稍有不順就想提告，請志工要小心。」主治醫師的私下提醒，志工應放在心上，以免哪天案家矛頭突然指向志工，惹訴訟上身。

建議對此個案應保持距離，甚至冷一陣子或結案處理。因為已於前面的案例中提到，「不應給的補助就像毒品，關懷對象常因為依賴而拒絕自立、脫離。」尤其有過「會吵的小孩有糖吃」的經驗後，「一哭二鬧三上吊」的劇碼，更是隨時可以發揮。全球慈濟人省吃儉用，五毛、一元存起來的善款是要救難救貧。若是怕吵鬧、想當好人就會淪為助長歪風的推手，志工內心會覺得對不起捐善款的大德們。

舉例來說，對於故意跌在地上，要賴不肯站起來的小孩，我們都如何處理呢？應該要溫和堅定的拒絕協助，態度溫和理性地告訴他，我們知道他沒有受傷，可以自己站起來！如果小孩還是賴在地上的話，我們就應該走開，讓他發現這招沒效，小孩就會自己拍拍屁股站起來；要是我們跟他拉拉扯扯，他絕對是變本加厲地哭鬧，甚至胡亂衝撞以致受傷，亦藉以要求更多。

同樣的，其實，這個家裡面最需要協助的不是周女士，而是她的長女，近一年來長女出現聽幻覺、自言自語（跟聽幻覺對話），還有視幻覺（桌上有愈來愈多的沙子），還有「很多個自己」的怪異感受，症狀已頗類似「精神分裂症」。然而，長女無病識感，周女士恐怕也不以為意，病患與家屬都不覺得需要就醫的話，志工是幫不上忙的，但志工可以在一旁提醒長女就醫的必要性。如果將來她們希望就醫，可請社工再提供相關資訊。

被害妄想症

當有人堅信著某種「並非事實」的想法，深信不疑，無法撼動，且會因此影響到個人的日常生活、學業或職業功能時，就必須考慮「妄想症」。此類病患的妄想主題不一，諸如——

被害妄想：總認為別人要對自己不利，企圖謀害自己。

誇大妄想：自己是神明或是上帝附身，要解救世人。

情色妄想：某名人暗戀自己，總是透過報紙電視傳達愛意，騷擾自己。

被害妄想症以「被害妄想型」佔最大比例。這種病患沒有視、聽幻覺或情緒症狀（躁症或憂鬱），而且在與其妄想無關的方面，可能還保持正常狀態。就像前面的案例，當事者還思緒清楚，喜歡打官司，爭取福利等等。除非長期相處與親近過，還頗難察覺其精神有異常之處。

因為病患認定自己的「妄想」是「事實」，自然不可能覺得自己有問題、生病了，需要就醫（病識感）。病患反倒會指責他人昧於事實，或與人合謀害他……無論旁人提出多少反證，都無法說服或改變病人的妄想。

依照臨床統計，此病的好發年齡層為四十歲左右。危險因子有：年長、社交孤立、移民、感覺缺陷（視障、聽障）、弱勢者、有精神病的家族病史、腦部病變等等。

從心理層面試想一下，如果我們年紀大了，視力變得模糊又有重聽，在搞不清楚別人在講什麼，看不清楚別人在做什麼時，會不會容易胡亂猜想？因為體弱動作慢，又只靠一點退休金養老，會不會擔心別人欺老，意圖謀奪自己的老本？如果自己剛到國外念書或工作，語言不通，無法與人流利交談，又看見他人聚在一起竊竊私語，會不會擔心他們在講自己？會不會想合起來欺負勢單力薄的自己？

當一個人缺乏與外界良好的溝通，旁人的心理支持，就容易因為不安全感產生出「疑心病」。疑心會像個漩渦，把周遭所有的事物都捲進去，愈攪愈大。從生出懷疑的念頭之後，人們會選擇性地挑出各種「線索」以印證之，進而把「故事」愈編愈完整。例如：常看到媳婦與鄰居講話，但因重聽沒聽清楚內容，這一陣子的飯菜常有怪味，抽屜裡面存摺似乎被動過了……逐步串起來，就認定媳婦串通外人要對自己謀財害命。

一般而言，妄想症因為缺乏病識感，患者幾乎都拒絕就醫，更不可能願意接受治療。患者對於妄想內容是深信不疑的，即使費盡唇舌也是無濟於事。所以，不要冀望自己能夠「點醒」、「說服」患者，請盡量維持「中性」的談話，不附和也不質疑病患的言談，以免加深病患的疑心。建議平常與患者保持適當距離，以免自己被患者的妄想漩渦捲入，無辜變成了「加害者的一員」。

操控與威脅

【弱者的操控】

雨霞（化名），離婚，年近半百，前夫已無互動往來。女兒同住收入有限；兒子就讀大學，課後會找機會打工。

雨霞長期患有憂鬱症，雖有定期就醫治療控制，但身形瘦弱，且服藥後會有昏睡、手抖等副作用，以致無法工作。會以病為由，期待被無條件的照顧與幫助，對環境、生活等，不願意嘗試改變。

慈濟志工與雨霞的互動過程，發現雨霞對人主觀性與防備心皆很強，與志工對談時語多保留、甚至有所隱瞞，對談中，常自我解讀並延伸志工話中語意，還會私下紀錄志工的言行舉止，除了向社工反應她覺得志工言行的不妥之處外，也會比較、評斷先前與現在的訪視團隊，甚至會訓誡志工該如何關懷個案。但當遇到困難時，又會立刻頻繁打電話到分會求助或詢問，其反覆的態度，讓陪伴的志工備感無力。

◆賴醫師的分析與建議

雨霞使出的「挑剔」與「挑撥離間」的操弄手法，絕對不是憂鬱症所致，不排除她原本的個性就有些問題，例如：自私、缺乏感激、疑心、對外歸咎等。這種個性的人一旦發現「病人角色」相當好用時，往往會加以濫用。稱得上是「專業的被助人」。享有「病人」特權後，這種個性的人不但不會感激別人的幫助，反倒可能有「我生病了，對我不公平，你們本該彌補我」之類的偏頗心態。

而向「社工」反應她覺得「志工」言行的不妥之處，是這類個性的人搞分裂的操弄手法。像在醫院裡面，他們會向醫生投訴護理人員，又寫投訴信函去跟院長抱怨醫師處置不當……以製造團體中的矛盾，進而獲取自己的利益。這樣對他們有甚麼好處？護理師被醫生罵之後，自己提出再無理的要求，護理師就只好都吞忍下來。醫生被院長訓斥之後，往後再遇到這個病患，只好任其予取予求，不敢堅持原則。同樣的道理，面對慈善單位，若多批評兩句，多要求一些，就可以得利更多，自然自立及工作的意願就薄弱了。

如何破解「搞分裂」的招數呢？唯有團隊成員彼此相信，先保持中立態度，對自己虛心自省，對他人則給予充分陳述的機會。

要有這樣的氣氛，我們得先從自己做起，也就是即使聽到案主抱怨誰怎樣，說自己比那人好，也別內心竊喜，因為案主在別人面前恐怕就反講自己的不好。挑撥離間的話語最怕被兜起來核對，所以，強化溝通的會議相當重要。大家可以把自己聽到的、見到的都拿出來核對，很容易發現不一致的、說謊的源頭。對於確認的挑撥者，所有的批評、投訴都予以「冷處理」，讓他發現無效、討不到好處後，或許會自行停止了。

關懷團隊在陪伴過程中倍感無力，亦是正常，此類個案若評估結案，對方多半會持續騷擾，甚至疑心或毀謗她認為斷她生路的志工，這時所有接聽電話與處理投訴案的人，一定要保護被攻擊的同伴，團結一致，冷處理。

【多疑的操控】

五十歲的鎂鳳（化名）個性激動、多猜疑，精神狀況疑有異常，但未曾因此就醫。平時從事資源回收及打零工。在志工關懷期間，鎂鳳時常寫信或致電所在地的慈濟會所，巧立各式名目要求金錢與物資。

鎂鳳能言善道，擅用逃避或轉移的技巧來避免回答志工認真討論的問題，經常喋喋不休一些無關緊要的事項。若志工覺得鎂鳳所言有異，或與住附近親友的陳述有出入，向其求證時，鎂鳳即會情緒激動，以簡單或模糊的話語帶過，甚至轉移到不相關的話題，並在志工離去後隨即向慈濟分會投訴，表達自己的需求或投訴其親友所言不實，令關懷團隊對鎂鳳的生活狀況心存疑惑。而到了下一次家訪時，鎂鳳又會對於志工提出存疑的部分，再衍生另一套說法。

鎂鳳見風轉舵的對應方式常讓志工招架不住，也在陪伴過程中，令志工覺得鎂鳳精神似有異常、疑心病重，雖然親友曾經嘗試過勸導就醫，但鎂鳳無病識感，不覺有就醫需求。志工也因為考量鎂鳳的情緒反應，不敢試探詢問鎂鳳的就醫意願。

◆賴醫師的分析與建議

鎂鳳能言善道，且擅用逃避或轉移的技巧以避免談論自家的狀況，還能時常寫信或致電分會，平時還從事資源回收或打零工，可見功能頗佳。除了比較自我保護、疑心病重之外，未到言行怪異，初步排除罹患精神病的可能。

因為個性多疑，擔心別人知道太多會對自己不利，這類人因「自我保護」而言詞閃爍，並不意外。推測她主要的目的就是希望得到金錢或物資補助，但想取得資源，就得編套說法，不過因為編織的故事被其住附近的親友戳破，她只好再衍生另一套說法，或是以惱羞成怒、情緒激動來掩飾事實。

這種狀況下，其實建議不需就醫，這不是病徵，看醫生也沒用。

【勉強不來的互動】

五十歲的許女士因家暴離異導致精神異常，原領有中度精障手冊，但堅決自己沒病，故不願就診重新進行鑑定。互動時，談話內容多怪力亂神，主觀意識強，也很難溝通，志工如果開口或給予任何建議，許女士就會很生氣罵人，情緒反覆不定，有時哭有時笑，且堅持不願讓志工接觸子女。故志工無法與子女互動，志工也曾請醫師往診，仍無法勸許女士就醫。

許女士目前無業，租屋居住，獨自撫養五名子女，兩位就讀大學，兩位讀高中。許女士對於父母及手足之事一概不提，也不太讓志工前往訪視及互動，對子女狀況更不願透露，只有在子女註冊期間許女士才會打電話到分會要志工過去拿註冊單，不跟志工互動，只要志工去繳錢。志工藉由親送補助款，才勉強有互動機會，但對談內容仍是天馬行空。對子女的了解也僅有透過新芽獎學金活動，才有機會見到許女士的子女，經短暫互動，女兒們都很乖巧且獨立，也很陽光，在校成績表現也相當優異，且領有多筆獎學金。

許女士鄰居為慈濟師姊，知道她的父母在開店，曾去拜訪，據了解父母曾經協助許女士支付房租，或提供飯菜，子女亦會從學校帶回營養午餐。

訪視志工經多年互動，許女士最近才開始會主動談起子女的叛逆狀況，但如果志工想進一步關心其子女，許女士又會生氣並再次築起防備心，志工曾主動打電話到校關心子女狀況，但被許女士知道後來電大吵大鬧，故志工如無許女士同意，也不敢貿然再去關心。

◆賴醫師的分析與建議

從關懷概況中可見，許女士談話內容多怪力亂神、疑心病重、情緒反覆不定等等，確實像精神病患。但是，「因家暴離異致精神有異」尚須商榷，因為相當多人遭受家暴、離婚等等壓力事件，卻非人人都產生精神病症，有人還浴火重生，事業做很大呢！壓力事件可能只是誘發因子，並非病因。基本上，絕大多數的精神疾病都是病因不詳，至少不是由「單一可確定」的病因而引發的。

許女士被害感強烈的話，會因擔心子女的安全，拒絕他人接觸其子女。在她主觀的感覺，自己是正確的、保護子女的，是「外人要害我們全家耶」！

為何要幫助被害者去就醫？志工能勸說許女士去看醫生，唯一的誘因恐怕是在她重新接受鑑定後，才能保有殘障手冊，領取殘障津貼，補助家用。如果許女士寧可不要殘障津貼也不要就醫，看在她沒有危害性，子女也過得好好的，就尊重她的意願吧！

訓練有素的精神科醫療人員，跟這種有明顯症狀的病患談話時也會拿捏其深淺程度，問多了，講太深入了，有時反會引起病患的疑心：「想知道這麼多做什麼？要計畫怎樣害我嗎？想對我家人下手嗎？」醫師在臨床上對於此類症狀明顯的病患，在查房時也僅問些：「睡得好嗎？伙食還合胃口嗎？」醫師會停留在表淺寒暄，不予深談。除非當病患症狀緩解，醫病關係改善時，才會開始問比較深入的問題。

另外，也不宜增長病患的「別人都是對我有所圖，都虧欠我」的心態，打個電話就能找志工到家裡拿註冊單，代為繳清學費。這樣的配合，其實不太恰當，也可以嘗試改變做法。慈濟善意幫忙其子女求學，若許女士不想出門，也可由其子女到會所來領取贊助的學費，增加互動機會；如果許女士連讓子女到慈濟領取學費都不肯，那很可能已經有了其他的資助管道，因為許女士的父母對於是否有提供資助避重就輕。

邊緣性人格

【誰的責任？】

林小姐幼時因父親賭博欠大筆債務，經常面臨有人上門討債的生活，母親因無法忍受而離家失去聯絡。父親再婚後還是因為賭性未改，積欠債務，與繼母離家躲避。

才三十出頭的輕熟女林小姐，已經歷兩段離異的婚姻，第一段婚姻是與前夫懷有長女後才結婚，遭夫家長期譏笑，後來前夫不工作又外遇，並對林小姐動粗，兩人於林小姐懷有長子時離異。

第二段婚姻林小姐在婚前即生子，當時因為她在夜店上班，其夫認為孩子不是自己的，直到林小姐再次懷有身孕，二人才登記結婚。第二任丈夫亦常對林小姐動粗也不工作，靠林小姐養家，以離婚收場。

經醫生診斷為邊緣性人格障礙的林小姐，領有精神障礙手冊與低收入補助。她曾主動到醫院就醫，並指名要單人病房。後續因該醫院發現林小姐為低收入户（福保）的身分，醫院將林小姐轉到健保病房收治，住院三天後，林小姐就主動離院。住院三天期間，醫院發現林小姐毒品檢查呈現陽性反應，且是剛使用毒品的狀況，醫生認定林小姐有吸毒及藥物濫用狀況。

邊緣性人格的特性，是習慣將責任推給別人。因此志工或社工在與邊緣性人格者互動時，應將責任回歸患者身上，患者願意負起責任，才能給予協助。林小姐會用死威脅所有慈善單位，關懷團隊就怕林小姐弄假成真而死。

◆賴醫師的分析與建議

反社會人格者常在監獄裡面出沒，而邊緣性人格者簡直可說是精神醫療人員的噩夢。其實，不只是專業人員，此人的家人、親友、周遭的人，甚至對他／她自己，都是噩夢。

為什麼呢？因為這種人格者的內心世界相當不穩定，連對「自我」的認知與感受都相當脆弱、不穩。自我隨時會崩解，「我是誰」？常處於強烈的懷疑與不安中，更不可能自我肯定，就像隨風亂飄的樹葉一樣，甚麼都抓不住。因為脆弱，相當害怕被遺棄，只要感覺（甚至自我想像）對方可能要遺棄自己，就會陷入瘋狂狀態。

邊緣性人格者會想要依附他人獲得安全感與肯定，一旦依附了，就把對方神格化，完美化；但是只要對方有一絲一毫違背自己，此人會感到強烈的背叛，立刻將對方打入地獄，將其全盤否定，毫無中間與兼容的可能。情緒像坐雲霄飛車，好壞無常，自己也無法掌控。當情緒不穩、自我崩潰的時候，會做出自傷的衝動行為也不足為奇。

由以上的描述，林小姐確實很像邊緣型人格。

邊緣性人格者，連精神科醫師都可能會「怕怕」，因為邊緣性人格者自殺率相當高；志工們如果想要介入這樣的個案，必須考慮專業度與心臟夠不夠強。邊緣性人格者目前唯一的解法是長期、專業的深度心理治療，不然就只能祈禱隨年紀增長，不穩定的強度下降。

何謂邊緣型人格？

美國精神疾病診斷準則（DSM-IV）描述此種人格者對人際關係、自我形象、情感表現極為不穩定，而且非常容易衝動，常有下列表現：

一、瘋狂努力以「避免」真實或想像中的「被遺棄」。

二、不穩定而且緊張的人際模式，特徵為在「過度理想化」與「全盤否定」兩極端之間迅速變換。

三、有自我認同的困擾，自我形象或自我感受持續明顯不穩定。

四、導致自我傷害的衝動行為，例如花錢、濫交、物質濫用、暴食……

五、一再自殺的行為、作態、威脅或是自傷行為。

六、由於心情過激或不穩，例如：強烈且陣發性的心情惡劣、易怒、焦慮，通常僅持續數小時，極少會超過幾天。

七、長期感到空虛。

八、不合宜而且強烈的憤怒，或對憤怒難以控制，例如常發脾氣、總是憤怒、一再打架。

九、暫時性與壓力源下，可出現妄想或嚴重的解離症狀。

吸毒造成的精神病如何區別？

不同的毒品引起的精神症狀，會略有差異。但是，要確認是不是毒品造成的精神病，最重要的關鍵就在「毒品濫用史」。本來好好的，使用毒品之後才發病，那就考慮是毒品引起的。如果從沒有碰過毒品就發病，就不是毒品引起的。發病之後再碰毒品的，也不能把病因推給毒品。

林小姐可能很早就出現邊緣性人格，又因其人格特點而導致物質濫用，如吸毒、服藥過量等。林小姐因為吸毒而造成邊緣性人格的機會極低。

如果讀者從前面開始仔細看到這裡，想必清楚明白，即使威脅要自殺的病患領有精神障礙手冊，也不一定能「以精神衛生法強制就醫」。因為此法規定強制就醫者，須符合嚴重病人的定義。但嚴重病人不見得會鬧自殺，鬧自殺者也不見得就是嚴重病人！不過，雖然不能強制其治療，還是可以報警請求協助，由警消護送就醫。只是將病人送到醫院讓醫師評估之後，如果病人自己不想住院，或是未達嚴重病人的程度，就得尊重病人意願放病人走。

不過，病人到院後，醫院至少可以協助進行「自殺通報」，將病人資料輸入衛生局自殺關懷系統，日後將有訪視員定期查訪；公部門介入後，志工也就可以視狀況放手。

反社會人格

【危險請止步】

家中掛滿武士刀，七十多歲的陳先生，離婚，單側中風但行動無虞，罹患重度情感性精神病、反社會性人格、情緒不穩、有暴力衝動傾向，自尊心強，對人不信任，曾多次進出監獄。育有一子，但陳先生不願透露其子相關訊息。

陳先生會用恐嚇威脅方式和辱罵要求補助，和關懷志工交談時，描述自己有精神疾病，發起病來是會有暴力行為的。陳先生會一直回憶並辱罵幾年前關懷過他的志工和社工。期待慈濟協助清償債務的陳先生，甚至曾面露不悅出言恐嚇，威脅志工說，若不給予補助或補助太少，就不讓志工離開。陳先生也曾手持刀子做勢要發病，或出言威脅要潑硫酸和殺人。

平日陳先生與志工電話聯繫時，若不依陳先生要求，則會憤怒表示，「你不想活了嗎？」，或是「你想要被潑硫酸、被殺嗎？」這些行為，讓家訪志工十分害怕。

◆賴醫師的分析與建議

陳先生雖單側中風過，但行動無虞。一般說來，在法律或情理上都應由子女奉養雙親，即使子女不孝，過多的補助或資源不僅寵壞個人，連其家屬都可能將照護責任轉嫁給慈善機構，樂得輕鬆逍遙；有些家屬認知偏差，不但不感恩，還會反過頭來嫌慈善組織做得不夠好！

294

何謂「反社會性人格」？

美國精神疾病診斷準則（DSM-IV）對此種人格的描述如下：

一、無法符合社會規範對守法的要求，常一再犯法被逮捕。

二、欺騙虛偽、一再說謊、或使用化名、或為自己利益或享樂而愚弄他人。

三、辦事衝動或缺乏事前計畫。

四、易怒且具攻擊性，經常打架或攻擊他人身體。

五、行事魯莽，不考慮自己或他人的安全。

六、無責任感、無法維持長期工作與信守金錢上的義務。

七、缺乏反省，對傷害、虐待他人或竊取別人財物覺得無所謂或合理化。

精神衛生法第三條第一項

精神疾病：指思考、情緒、知覺、認知、行為等精神狀態表現異常，致其適應生活之功能發生障礙，需給予醫療及照顧之疾病；其範圍包括精神病、精神官能症、酒癮、藥癮及其他經中央主管機關認定之精神疾病，但不包括反社會人格違常者。

看過這些描述，是否覺得陳先生的狀態非常類似？一般說來，反社會性人格者的矯治相當困難，因患者無法信任他人、也無法了解他人的感受，更不會從錯誤中學習，預後極度不良；可以說是，連醫師與心理專業工作者都搖白旗的棘手狀況。因此強烈建議可以考慮停止此個案之訪視，盡量不要去撞刀口，以免遭受危險。

情感性精神病的發作並非病人所能控制，而陳先生還能做勢要發病，口出暴力威脅，這般「收放自如」並非精神病患者能做到的。尤其，「反社會性人格」在精神衛生法中被明定不屬於精神疾病。所以，連因有精神病而將陳先生列為關懷個案的理由，也不再了。

綜合以上，像這樣有暴力傾向的個案，應通報當地機關，然後結案處理，因為此人暴力危險程度很高，志工不宜再涉險。

後記

在醫院工作多年，生老病死也看了不少，依然難以坦然以對。對於出生，我們無從決定，而老去卻是出生後每天在進行的必然。而人經常還不及變老，就被疾病纏身，許多病患與家屬的反應，都是無法接受。即使因年老衰竭而重病，也常有人不願意面對。

前一陣子，偶然間聽聞了一段有智慧的話語：「人們會做各種計畫，例如：幾歲結婚成家、幾歲時生養幾個小孩、何時購屋置產、何時升到哪種職位……但是，這些計畫裡面，從來沒有包括幾歲『生病』。」突然間領悟到，不論怎樣的疾病，對病患與家屬來說都是意料之外的「意外」。從來沒有人計畫過會需要遭遇殘疾，雖然明知無人能夠永遠倖免。

那麼，災難呢？有人預期過何時會遭逢災難？即使我們明知所居住的臺灣處於地震帶、九二一大地震後地層鬆動、溫室效應後暴雨頻率升高、超抽地下水地層下陷、山林過度開發……每每天災發生時，我們還是頻呼「意外」！

或許，為了維持對外界的掌控感，少有人會預期自己就是下一個病患，或是設想自己變成災民的可能性。但是，我們也明白絕不可能秉持鴕鳥心態，就能使自己遠離無常的捉弄。

種種因緣際會之下我轉換工作到花蓮慈院服務，得以近距離了解慈濟志業。從慈濟志工的身上，我看見了接受無常，坦然面對生老病死，且更積極的變身為聞聲救苦的人間菩薩。原來，這才是生活在紅塵的「正知正解」。

二〇一〇年夏天接任部門主管後，接收前任主管所託付的任務，就是要以心理衛生的專業角度撰寫專書，討論如何處理災難之類的議題。

然而，瀏覽坊間已有的出版品，相關議題的書籍已經相當豐富。救災經驗尚稱不足的我們，擠盡腦汁多出一本小冊子來談此類議題的話，恐怕連錦上添花都稱不上（得算畫蛇添足？）。因著對慈濟志工菩薩的欽佩與讚歎，我設想著——談救災與災民的身心創傷，或許經驗不足；但是，身為慈濟志業體的一分子，照顧志工菩薩的心理健康，絕對是可以盡一分棉薄之力。慈濟志工菩薩總是為他人付出，幾乎忘了自己，理應有人為他們出一本自用的專書。

自不量力想要為志工菩薩寫一本守護心靈的的專書，聽來也許顯得自大可笑，因為慈濟的人間菩薩們「做中學、做中覺」，早已練就的人生智慧，何需白色巨塔中自以為是的「專業人士」給建議。但身為精神醫學專科醫師的我們，發心的立意是，慈濟志工來自四方、各種背景的自願付出者，絕大多數並沒有具備救難專業，也沒有接受過相關的訓練，也因此，上人經常叮嚀志工要以安全為第一考量，確定災區安全可進入時才可以前往。相同的是，絕大多數的志工並非來自心理衛生工作領域，也並不具備這方面的專業知識，在如何與災民／受難者家屬進行接觸、談話、情緒支持等等技巧，多半是按照常識、過往生活經驗，或是觀察師兄師姊學習而來的心得。

然而，志工菩薩們在察覺與判斷受助對象是否有需要處理的心理問題，甚或是自己是否有狀況需要特別的處理時，應該還是希望能有專業的意見可依循。雖然市面上這類的心理工具書籍相當多，但多半是寫給心理師、社工人員、諮商老師等等以此為「職業」的專業人士，用詞多半使用所謂的「行話」與專業術語；甚或是直接翻譯外國書籍而來，用詞遣字上顯得生硬且許多案例也與國情不合。為了提供來自各方的志工菩薩們不論年齡、背景，清晰易讀的「助人者手冊」，因此，自二〇一〇年起，花蓮慈院精神醫學部展開自行編撰慈濟人專用書的採訪與寫作計畫。

本書要特別感謝精神醫學部居家治療師莊淑美負責協調與連絡，慈濟基金會醫療志業發展處人文傳播室協助聯繫慈濟師兄師姊、大愛電視臺記者群接受訪問並協助編輯，更感恩全臺慈濟訪視志工與慈善志業發展處的社工師們蒐集並提供實際訪視遇到的困難狀況。同時參考國內外文獻資料與融合精神／心理衛生專業知識，終於為「慈濟人」量身撰寫了這本書。雖只能算是略具雛型，也離完美與實用有相當的差距，希望十方各界在本書付梓之後，能繼續給予我們意見與指導，如能因此而增修與改進，使此書產生更高價值，則此願足矣。

經典
發現・探索・人文・關懷
RHYTHMS MONTHLY 174
為時代作見證 為人類寫歷史
1/1/13
紛分和合
捷克斯洛伐克「絲絨離婚」之路
分道不揚鑣

國家圖書館出版品預行編目資料

守護仁者心——助人者的心靈防護手冊 / 賴奕菁著.
-- 初版. -- 臺北市：經典雜誌，慈濟傳播人文志業基金會，2014.08
304面；15 x 21公分

ISBN：978-986-6292-56-9（平裝）
1. 志工 2. 社會服務 3. 教育訓練
547.16 103015363

守護仁者心
——助人者的心靈防護手冊

作　　者／賴奕菁
發 行 人／王端正
總 編 輯／王志宏
叢書編輯／朱致賢、何祺婷
責任編輯／曾慶方
編　　輯／黃秋惠
美術指導／邱金俊
美術編輯／林家琪
校　　對／朱致賢、何祺婷、慈濟基金會醫療志業發展處人文傳播室
感　　恩／慈濟基金會慈善志業發展處暨宗教處、大愛電視臺、花蓮慈濟醫學中心。
出 版 者／經典雜誌
　　　　　財團法人慈濟傳播人文志業基金會
地　　址／台北市北投區立德路2號
電　　話／02-28989991
劃撥帳號／19924552
戶　　名／經典雜誌
內頁排版／浩瀚電腦排版股份有限公司
製版印刷／禹利電子分色有限公司
經 銷 商／聯合發行股份有限公司
地　　址／新北市新店區寶橋路235巷6弄6號2樓
電　　話／02-29178022
出版日期／2014年08月初版
　　　　　2014年08月二刷
定　　價／新台幣300元

ISBN 978-986-6292-56-9（平裝）
Printed in Taiwan